ein Ullstein Buch

D1934173

ein Ullstein Buch/maritim
Nr. 20416
im Verlag Ullstein GmbH,
Frankfurt/M – Berlin – Wien

Ungekürzte, vom Autor
überarbeitete Ausgabe
Zeichnungen von Kurt Schmischke

Umschlagentwurf:
Hansbernd Lindemann
Umschlagillustration: Peter Wirsing
Alle Rechte vorbehalten
Taschenbuchausgabe mit Genehmigung
der Stalling Verlag GmbH Oldenburg
© 1982 Stalling Verlag GmbH,
Oldenburg – Hamburg – München
Printed in Germany 1984
Gesamtherstellung:
Ebner Ulm
ISBN 3 548 20416 3

Mai 1984

Vom selben Autor
in der Reihe der
Ullstein Bücher:

Seewind (20282)
Seetang (20308)

CIP-Kurztitelaufnahme
der Deutschen Bibliothek

Krauss, Wolfgang J.:
Weite See: Seesegler berichten / Wolfgang
J. Krauss. – Ungekürzte, vom Autor
überarb. Ausg. – Frankfurt/M; Berlin;
Wien: Ullstein, 1984.
(Ullstein-Buch; Nr. 20416: Maritim)
ISBN 3-548-20416-3
NE: GT

Wolfgang
J. Krauss

Weite See

Seesegler berichten

ein Ullstein Buch

Inhalt

Die Backskiste

Vier Segler erzählen die Story ihres Lebens

Diese vier Berichte stammen aus jenen schlimmen Jahren, an die man sich heute nur noch ungern erinnert – die Zeit des Zweiten Weltkrieges. Auch die Segler waren hart betroffen. Ob Soldat oder Zivilist – während der fünfeinhalb Kriegsjahre war an Segeln kaum zu denken. Und danach folgten für die meisten lange Jahre des Schreckens, der Not, Gefangenschaft, Vertreibung und anderen, namenlosen Unglücks. Nein, die Jahre von 1939 bis 1949 konnte ein Segler getrost in seinem Logbuch streichen.

Der Gedanke an diese schrecklichen Erlebnisse verschließt heute noch vielen Betroffenen den Mund. Trotz alledem gab es Yachtskipper, die in diesen Jahren auf außergewöhnliche Weise und mehr oder weniger unfreiwillig das Ruder eines kleinen Schiffes in die Hand nehmen und alle Kenntnisse und Erfahrungen ihres langen Seglerlebens aufbieten mußten, um ihr eigenes Leben und das der ihnen anvertrauten Menschen und Schiffe zu retten.

Vier solcher Männer erzählten mir von dieser abenteuerlichsten Reise ihres Lebens oder schrieben auf, was sich damals ereignete. Ich habe diese Aufzeichnungen lange in meiner Schreibtischschublade aufbewahrt, weil ich fand, man solle die Vergangenheit ruhen lassen. Aber ich habe meine Meinung geändert: Zu oft wurde ich in neuerer Zeit von jungen Menschen gefragt, wie das denn damals eigentlich war und warum man darüber nie etwas hört. Es scheint, als ob die Jugend dabei ist, nach so vielen Jahren der Verdrängung historischer Fragen eine neue Art von Geschichtsbewußtsein zu entwickeln. Und das, meine ich, sollte unterstützt werden.

Deshalb entschloß ich mich, einen tiefen Griff in meine Backskiste zu tun und ein paar Protokolle über Seglererlebnisse aus Deutschlands schwerster Zeit hervorzukramen. Hier sind sie – ungekürzt, unredigiert und ohne Kommentar: Geschichten, die das Leben schrieb und die heute bereits Geschichte geworden sind.

Für Leser, die nicht wissen, was eine »Backskiste« ist, sei noch gesagt, daß man darunter auf Schiffen einen meistens durch eine Klappe zugänglichen Kasten unter einer Sitzbank versteht. Darin verstaut der Seemann persönliche Gegenstände sowie Werkzeug oder Ausrüstungsteile. Oft muß man lange darin kramen, bis man das Gesuchte gefunden hat. Manchmal ist die Suche auch vergeblich.

Heimkehr von Thule

Dic abenteuerliche Reise der SY ARKTUR II rund Island

Ulrich Deutschländer, ein begüterter Großhandelskaufmann aus dem ehemaligen Landsberg im Warthegau, hatte sich von dem berühmten Yacht-Designer Henry Gruber ein neues Schiff zeichnen lassen. Mitte August 1939 lief die ARKTUR II *– eine schmucke hölzerne Fünfzehn-Tonnen-Slup – in Bremen-Burg vom Stapel. Dieser feierliche Akt war der Abschluß einer sich über mehr als zwölf Monate erstreckenden Kette von Vorbereitungen auf ein seglerisches Unternehmen besonderer Art.*

Mit seiner alten ARKTUR, *einer stählernen Ketsch von der Unterweser, hatte er sich in den vorangegangenen Jahren an einer Reihe von Hochseerennen beteiligt. Eine Transatlantik-Regatta, Bermuda-Race, Fastnet und verschiedene kleinere Rennen hatten bisher auf seinem Programm gestanden. Aber der Skipper hatte in dieser Art Sport wohl doch nicht die letzte seglerische Erfüllung gefunden. Vielleicht war er auch zu sehr Pragmatiker, um nicht den Widerspruch zu empfinden, der sich beim Abwägen von Schnelligkeit und Sicherheit ergibt. Der berühmte Hochseesegler Kapitän Schlimbach hat das einmal sehr schön ausgedrückt, als er nach einem Sechshundert-Meilen-Rennen – in guter Position liegend – vor den Bermudas das nächtliche Einlaufen zwischen den Riffs scheute und Stunden verschenkte, um für die Passage der Barriere die Morgendämmerung abzuwarten. Der alte Salzbuckel sagte damals lächelnd: »Kinder, ich bin ein Seemann und kein Rennfahrer. Gebt mir ein Schiff, und ich bringe es mit fast hundertprozentiger Sicherheit in jeden gewünschten Hafen der Erde. Nur eines dürft ihr dabei nicht: mich hetzen.« Er drückte damit den Zwiespalt aus, dem ein erfahrener Yachtskipper ausgesetzt ist, wenn er um des Sieges willen Dinge tun muß, die seinem seemännischen Gefühl zuwiderlaufen.*

Ulrich Deutschländer wollte deshalb mit seinem neuen Schiff eine Reise machen, die Boot und Mannschaft an Härte nicht weniger abverlangte als eine Langstreckenregatta, bei der aber Seemannschaft und Navigation dominierten und nicht die Jagd nach einem Silberpokal von fragwürdigem Wert.

Soweit also die Vorgeschichte. Und nun Deutschländers eigene Schilderung der nachfolgenden Ereignisse:

Im Sommer 1938 hatte ich mich nach langem Zögern unter vielen anderen Möglichkeiten für ein Unternehmen entschieden, das von deutschen Seglern damals als praktisch undurchführbar angesehen wurde – die Umsegelung Islands. Bei dieser Gelegenheit wollte ich auch einem alten Wunsch folgen und dem an der Nordwestecke Islands gelegenen Isafjord einen Besuch abstatten, weil mich die dortige Heringsfangstation aus beruflichen Gründen interessierte.

Ich hatte mich lange und überaus sorgfältig auf diese schwierige Reise vorbereitet. Schon die Mannschaftsfrage war ein Problem für sich, denn von meiner alten Atlantik-Crew stand nur noch mein Freund Walter Devée zur Verfügung. Die übrigen Teilnehmer verfügten kaum über nennenswerte Hochsee-Erfahrung, und auch der Eckernförder Bootsmann war neu an Bord. Doch am meisten Sorgen bereitete mir die Lösung der nautischen und meteorologischen Fragen.

Die Reise sollte in eine Gegend führen, die bisher kaum von Yachten besucht worden war und von der es hieß, man könne dort nicht segeln. Ich konnte daher auf keine praktischen Erfahrungen irgendwelcher Vorgänger zurückgreifen und war im wesentlichen auf Seehandbücher und meteorologische Veröffentlichungen für die Berufsschiffahrt angewiesen. Wann war zum Beispiel die günstigste Jahreszeit für die Passage der Danmark-Straße? Welchen Kurs sollte ich wählen – links oder rechts um Island herum? Wie weit konnte man an die Treibeisgrenze herangehen, und wo verlief sie? Mit welchen Wetterverhältnissen mußte man jenseits des Polarkreises rechnen? Wie war die Häufigkeit der Stürme in jenen Breiten, und aus welchen Richtungen waren sie zu erwarten? Die Angaben hierüber in der einschlägigen Literatur waren dürftig und wenig geeignet für Yachtsegler. Also mußte ich mir selbst helfen.

Mit einiger Energie und systematischem Vorgehen müßte die Sache doch zu meistern sein. Über ein Jahr lang studierte ich sorgfältig alle Island-Beschreibungen und Reiseberichte, deren ich habhaft werden konnte. Dabei stellte ich fest, daß das Jahr 1939 – dem elfjährigen Wetterzyklus zufolge – besonders günstige Wetterbedingungen bot. Trotzdem konnten drei unberechenbare Faktoren die Reise empfindlich stören: Nebel, Eis und Stürme.

Mit dem Nebel war am leichtesten fertig zu werden, sofern man die Dampfertracks mied. Schwieriger war der Umgang mit Treibeis, dessen mittlere Grenze bei Island lag, in eisarmen Jahren aber bis auf etwa vierzig bis fünfzig Seemeilen vor die grönländische Küste zurückging. Und was war mit den Stürmen? Mit ihnen war auf einer dreißigtägigen Reise immer zu rechnen. Wenn auch kein Zweifel daran bestand, daß unser Schiff jedem Wetter gewachsen war, blieb doch die Frage nach der Belastbarkeit der Mannschaft. Wic mochte sie sich bei acht Windstärken von vorn und Temperaturen eben über dem Gefrierpunkt bewähren?

Ich bemühte mich, so gut ich konnte, alle Zufälligkeiten, denen wir auf dieser Reise möglicherweise ausgesetzt sein würden, gewissenhaft in Betracht zu ziehen. Immerhin war 1939 ein besonders eisarmes Jahr, und die günstigsten Monate waren der Juni und Juli. Doch waren wir auf den Ablieferungstermin der Werft angewiesen. Und der verzögerte sich bis Mitte August.

Es war keine Zeit mehr zu verlieren! Ohne mit Trimmfahrten weitere kostbare Tage zu vertrödeln, warfen wir am 22. August 1939 die Leinen von der Werftpier an der Lesum los. Nach kurzem Aufenthalt in Bremerhaven passierten wir am 24. 8. um 01.30 Uhr Weser-Feuerschiff und begaben uns auf den 1350 Seemeilen langen ersten Abschnitt der insgesamt mit 3300 Seemeilen veranschlagten Reise von der Wesermündung – rund Island – und zurück.

Die Fahrt über die Nordsee wurde zu Trimmzwecken ausgenutzt. Der Wind ging auf Ost bis Südost und schob die ARKTUR mit zwei bis vier Windstärken in drei Tagen bis vor die Orkney-Inseln. Vier Tage später, am 31. 8., peilten wir, nachdem einige Tage stark unsichtiges Wetter geherrscht hatte, in einer Nebelbank die verschwommenen Konturen einer Küste. Als gegen Mittag der Nebel aufriß, lag vor uns im Sonnenschein die gigantische Gletscherwelt Islands – der Sitz der Götter, das Land der Edda.

Bei sechs Windstärken und hohem Seegang umsegelten wir Kap Reykjanes und machten am 1. 9. um 20.00 Uhr in Reykjavik fest. Wir hatten für die Strecke nur siebeneinhalb Tage gebraucht. Eine stolze Bilanz, und entsprechend stolz waren meine Mannschaft und ich auch beim Einlaufen in den Hafen.

Doch wer beschreibt unser Erstaunen, als der an Bord kommende Hafenlotse uns eröffnete, deutsche Truppen seien vor wenigen Stunden in Polen einmarschiert und Deutschland befände sich somit im Kriegszustand. An alles hatte ich bei den Vorbereitungen zu dieser Reise gedacht. Aber an die Möglichkeit eines Krieges nun wirklich nicht.

Mit Sturm und Kälte, mit Eis und Nebel hatten wir gerechnet, aber nicht mit Krieg. Wie konnte so etwas nur passieren? Als wir losfuhren, war doch alles friedlich gewesen. Und wir – alles Männer im wehrfähigen Alter – hatten von unseren Wehrbezirksämtern bereitwilligst Urlaub erhalten. Pim war sogar Reserveoffizier der Luftwaffe. Und nun war Krieg. – Wir saßen auf Island und schauten uns dumm an.

Der erste Weg führte uns zum deutschen Konsul. Auch der befand sich in heller Aufregung, da der Angriff auf Polen seine Reise zum Reichsparteitag nach Nürnberg vereitelt hatte. Er war freundlich, aber er konnte nicht helfen.

Die isländischen Behörden durchsuchten die ARKTUR überaus gründlich, denn man hielt uns für getarnte Agenten, die einen Sonderauftrag auf ihrer Insel zu erfüllen hatten. Was sollte eine deutsche Yacht wohl auch sonst auf Island suchen? Das Schiff war jedenfalls von morgens bis abends von Neugierigen umlagert, die mißtrauisch jeden unserer Schritte verfolgten. Wir konnten es ihnen nicht einmal verdenken, denn in ihrer Weltabgeschiedenheit waren sie wohl für jede Art von Abwechslung dankbar.

Auf alle Fälle war es eine höchst ungemütliche Situation. Am meisten beunruhigte uns die Ungewißheit, welche Haltung England zu unserem Krieg mit Polen einnehmen würde. Immerhin bestand da doch so eine Art von Beistandspakt. – Wir hielten das Bordradio den ganzen Tag über auf Empfang und bekamen so ein wenig von der fieberhaften Aktivität der westlichen Diplomatie mit. Genaue Details erfuhren wir natürlich auf diesem Weg nicht, und somit schien uns zur Zeit noch alles offen zu sein.

Eines war uns indessen absolut klar: Falls England in den Krieg einträte, hätten wir kaum eine Chance, heil nach Deutschland zurückzukommen. Wenn man auch nicht voraussehen konnte, wie lange ein solcher Krieg dauern würde – eine winterliche Internierung hier am Ende der Welt bot wenig erfreuliche Aspekte.

Doch noch war, wie gesagt, alles offen. Wir überließen daher die ARKTUR der Obhut der Hafenbehörden und unternahmen eine Autotour ins Innere des Landes. Geysire, Vulkane, Wasserfälle – Island konnte eine Menge bieten. Als wir zurückkehrten, befand sich die weltpolitische Lage auf dem Siedepunkt. Auch der Konsul war inzwischen zu der Überzeugung gelangt, daß der Kriegseintritt Englands unmittelbar bevorstehe. Es war also höchste Zeit, aus Reykjavik und den isländischen Gewässern zu verschwinden, bevor die Hafenbehörden auf die naheliegende Idee kamen, uns womöglich an die Kette zu legen.

Unter großen Schwierigkeiten gelang es uns, die Treibstoffbestände zu ergänzen, denn Dieselöl war auf der Insel inzwischen kontingentiert. Aber dank der von Pim angewandten Kriegslisten schafften wir es, ohne großes Aufsehen zu erregen. Und dann hielt uns nichts mehr – wir beschlossen, am nächsten Tag heimlich, still und leise aus Reykjavik zu verschwinden.

Der nächste Tag war der 4. September. Das Erwartete trat ein: England und Frankreich erklärten Deutschland den Krieg! Nun gab es für uns nur noch einen Gedanken: Auf dem schnellsten Weg zurück nach Deutschland. Aber welcher Weg war der schnellste?

Im Süden, das war klar, waren die Engländer. Die machten mit Sicherheit Jagd auf alles, was schwamm – Yachten nicht ausgenommen. Im Norden war das Eis. Wir hatten also nur zwischen diesen beiden Möglichkeiten zu wählen. Der Entschluß fiel uns leicht: Wir entschieden uns für das Eis. Außerdem hatten wir ja ohnehin vorgehabt, Island zu umsegeln. Jetzt hatten wir sogar eine moralische Rechtfertigung dafür.

In der Nacht vom 4. zum 5. 9. verließen wir in aller Stille und von niemandem behindert den ungemütlich gewordenen Hafen. Ich hoffte, daß man unser Auslaufen nicht bemerkt hätte. Trotzdem mußte man aber mit der Anwesenheit britischer Agenten rechnen, die die Bewegungen aller Schiffe über Funk nach Hause meldeten. Um solche stillen Beobachter über unsere wahren Absichten zu täuschen, steuerten wir deshalb ostentativ nach Westen, jedenfalls solange wir uns in isländischen Hoheitsgewässern befanden.

In der Nacht hatte es heftig aufgebrist. Das Glas war schnell um zwölf Millibar gefallen, und Reykjavik hatte Sturmwarnung gegeben. Uns sollte das nur recht sein. Um rasch von der Küste freizukommen, steuerten wir etwas raumer als notwendig und fuhren auch das volle Großsegel ein wenig zu lange. Nur weg von hier, dachten wir. Und wir rauschten vor dem aufkommenden Ostwind mit Braßfahrt aus den isländischen Küstengewässern quer über die Danmark-Straße nach Westen. Zu schnell, wie wir bald merkten, denn wir erreichten die mutmaßliche Treibeisgrenze bei diesem Tempo leider noch vor Tagesanbruch, also zu früh. Ein Weitersegeln im Dunkeln wäre jetzt Leichtsinn gewesen. Deshalb ließ ich erst mal auf Gegenkurs gehen.

Nun hatten wir die Suppe gegenan, und die ARKTUR konnte nur mit Mühe Nordostkurs anliegen. Wir fuhren kleines Zeug und bolzten gegen die grobe See an, um die Morgendämmerung und bessere Sichtverhältnisse abzuwarten. Plötzlich krachte es unter Deck, als wäre dort der Teufel los: Im Seegang war der schwere Akku aus der Halterung gesprungen und leckgeschlagen. Danach hatte er sich merkwürdigerweise wieder in sein altes Loch gestellt. Doch die Säure war ausgelaufen, und für den Rest der Reise war es aus mit Strom für Licht, Radio, Kompaßbeleuchtung und Positionslaternen.

Gegen Mittag des 6. 9. wurde es etwas handiger. Aber die Dünung blieb hoch und der Polarkreis fern. – Am Morgen des 7. 9. standen wir dicht vor dem Isafjord im Nordwesten der Insel, wohin ich ja von Anfang an gewollt hatte. Doch mir war die Lust vergangen. Es war besser, sich nicht so dicht unter Land sehen zu lassen. So steuerten wir einige Stunden Nord, um der Zwölf-Seemeilen-Grenze nicht zu nahe zu kommen, und waren froh, als der Wolkenpilz über dem islän-

dischen Nordkap langsam im Dunst achteraus am Horizont verschwand.

Als im Laufe des nächsten Tages dann Flaute einsetzte, überschritt die Arktur endlich den Polarkreis. Die Freude war groß und die Stimmung recht fidel – immerhin segelten wir ja die Traumreise unseres Lebens: rund Island! Außerdem hatten wir den Krieg schließlich nicht angefangen; was nützte es also, den Kopf hängen zu lassen. Ich selbst nahm mir ein Herz und sprang bei zehn Grad Wassertemperatur und geborgenen Segeln ins Nordmeer, wobei ich versuchte, der Crew klarzumachen, ich wäre Neptun persönlich und eigens zu den Feierlichkeiten der Polartaufe herbeigeschwommen.

Doch das Vergnügen dauerte nicht lange. Im Nordmeer ändert sich das Wetter rasch, und gegen Abend begann es wieder zu blasen. Während der Nacht entwickelte sich ein neuer Oststurm, der uns schwer zu schaffen machte. Wir wurden weit nach Norden abgedrängt, bis wir am 8. 9. auf 67° 44' Nord und 25° 5' West den nördlichsten Punkt unserer Reise erreichten – etwa 65 Seemeilen von der grönländischen Küste entfernt. An der Wolkenbildung war unschwer zu erkennen, daß die Treibeisgrenze bestenfalls noch zwanzig Meilen entfernt war. Es war also höchste Zeit, über Stag zu gehen.

Aber nun zeigte sich, daß das Eismeer nicht mit sich spaßen ließ. Das gegen die grobe See antaumelnde Schiff nahm ganze Ladungen blanken Wassers über. Schon nach kurzer Zeit war die Wache so durchgefroren, daß sie jede Stunde abgelöst werden mußte. Das brachte natürlich den Wachplan total durcheinander, und niemand kam so richtig zum Schlafen. Es waren schwere Stunden! Selbst am Tag betrug die Lufttemperatur nur drei Grad. Das Kojenzeug, die Unterbekleidung, die in Säcken verpackten Baumwollsegel – alles wurde klamm; der Aufenthalt unter Deck war keine Erholung mehr. Hinzu kam, daß auch das Trinkwasser knapp wurde, so daß heiße Getränke auf zwei Becher pro Tag und Kopf rationiert werden mußten.

Zum Glück aber raumte der Wind bald wieder, und die ARKTUR konnte Ost anliegen. Am 12. 9. hatten wir Island endlich auf nördlicher Route (und in gebührendem Abstand!) passiert und konnten jetzt Südost steuern.

Obgleich das Barometer in 36 Stunden um fast dreißig Millibar gefallen war, blieb das Tief unverändert. Der Wind drehte fast einmal über die ganze Kompaßrose. Aber er blieb handig, und die ARKTUR erreichte auf wechselnden Kursen die Länge der Färöer-Inseln. Hier überrollte uns der nächste Sturm. Er kam aus Nordosten und ließ uns nur mühsam Meile um Meile das norwegische Festland gewinnen. Dann aber wurde es so hart, daß wir zwölf Stunden beidrehen mußten, um besseres Wetter abzuwarten. Inzwischen war uns das Trinkwasser gänzlich ausgegangen, und wir verbrachten die nächsten Tage ohne einen Tropfen Wasser.

Als tags darauf der Wind auf West krimpte, erreichten wir rasch die Einfahrt zum Trondheims-Fjord. Von hier aus steuerten wir dann im Schutz der vor der norwegischen Küste liegenden Inseln im Laufe der Nacht zum 18. 9. den neutralen Hafen Kristiansund an.

Hier wurden wir am Kai von einer wohl hundertköpfigen Menge Neugieriger empfangen. Sobald sie entdeckt hatten, daß wir Deutsche waren, nahmen sie eine drohende Haltung ein und übten lautstark »Volksgemurmel«. Außerdem begleitete ein herbeigeeiltes Torpedoboot mit »alle Mann klar bei Geschütz« unser Hafenmanöver. Erst eine hochnotpeinliche Untersuchung durch hohe norwegische Marine- und Polizeibeamte klärte dann die Situation.

Trotzdem wurde die Arktur gründlich von innen und außen gefilzt. Man beschlagnahmte unsere Fotoapparate und Filmkameras und untersuchte das Bordradio, und zwar so gründlich, daß man vom Lautsprecher die Leinwand entfernte, um besser hineinschauen zu können. Als man uns auch die Filme wegnehmen wollte, protestierte ich energisch und verlangte, mit dem Konsulat in Bergen telefonieren zu dürfen, um von dort Verhaltensmaßregeln einzuholen. Daraufhin wurde man etwas freundlicher.

Schließlich stellte sich heraus, daß man uns die Islandfahrt nicht glaubte und annahm, wir seien als Agenten von einem deutschen Kriegsschiff ausgesetzt worden, um Spionageaufträge durchzuführen. Die Yacht sähe so »neu« aus, daß es gar nicht möglich wäre, damit eine Reise von Bremen nach Island und über das Nordmeer nach Norwegen gemacht zu haben.

Den vereinten Bemühungen des Konsulats und des dänisch sprechenden Teils unserer Mannschaft gelang es dann doch, die letzten diesbezüglichen Zweifel aus dem Weg zu räumen. Trotzdem nahm man uns aber einen Teil unserer Filme fort und entwickelte sie, wobei die Farbfilme – unser kostbarster Besitz – verdorben wurden, weil man damit noch nicht umzugehen verstand. Danach wurden die Apparate versiegelt, und es war Schluß mit weiteren Reiseaufnahmen. Die Behörden reagierten so ängstlich, als ahnten sie schon, daß ihr Land sieben Monate später durch die Deutschen besetzt sein würde. Im übrigen wurde die Arktur aber von der durchweg sehr fachkundigen Bevölkerung bestaunt und bewundert, als käme sie geradewegs vom Mond.

Am gleichen Abend lief ein deutscher Fünftausend-Tonner, der von Westindien kam und auch aus Furcht vor den Briten um Island herumgelaufen war, in Kristiansund ein. Er hatte denselben Sturm auf die Mütze bekommen und dabei Maschinenschaden erlitten. Viel Neues konnte auch er uns nicht berichten.

Nachdem unsere Crew Boot und Ausrüstung wieder in Ordnung gebracht hatte, konnten wir nach zwei Tagen weiterlaufen. Da der im Sturm auf den Kopf gestellte Akku im Ort (angeblich?) nicht zu reparieren war, hatten wir weiterhin kein Licht und mußten uns mit Ersatzbeleuchtung behelfen. Ein Glück, daß ich darauf bestanden hatte, reichlich Kerzen und Petroleumlampen als Reserve mitzunehmen! Dieselöl für den Hilfsmotor bekamen wir erst nach langem Verhandeln, da man den gesamten Treibstoff in Norwegen beschlagnahmt und die Privatautos stillgelegt hatte.

Die Fahrt durch die Schären nach Süden war ein navigatorisches Kunststück, weil keine Spezialkarten an Bord waren und auch an Land nicht beschafft werden konnten. Schließlich hatten wir nie die Absicht gehabt, Südnorwegen anzulaufen. So fertigte ich mir als Notbehelf Hafenpläne und Detailskizzen nach den dürftigen Angaben des Seehandbuches und Leuchtfeuerverzeichnisses an und kam damit wider Erwarten auch ganz gut zurecht. Als eines Abends bei strömendem Regen an einer schlecht betonnten Stelle die Sicht vollkommen weg war, der Wind gegenan stand und der Motor aussetzte, wurde die Situation für uns allerdings kritisch. Aber auch in diesem Fall erreichten wir rechtzeitig eine etwas breitere Stelle im Fjord, wo wir einige Stunden hin und her kreuzten, bis die Sicht wieder besser war.

Die norwegischen Behörden hatten uns zur Auflage gemacht, nur tagsüber zu segeln. Dadurch zog sich die Reise erheblich in die Länge. Im übrigen wäre die Fahrt fast angenehm gewesen, wenn wir nicht in ständiger Sorge und unter dem Druck gelebt hätten, so rasch wie möglich nach Hause zu müssen. So segelten wir denn von 05.00 Uhr bis 21.00 oder 22.00 Uhr, solange es nur irgendwie zu verantworten war. Da wir überwiegend günstigen Segelwind hatten, konnten wir unsere Treibstoffbestände weitgehend schonen.

Von der Royal Navy bekamen wir auf der ganzen Reise nichts zu sehen, weil wir in den Schären und Fjorden gut geschützt waren. Etwas unangenehm war die Umschiffung des berüchtigten Kap Stadlandet bei ziemlich hartem Wetter. Wir hatten die Nacht davor im Aalesund geankert, wo uns zurückkehrende Fischer vor dem am Kap herrschenden Seegang warnten. Aber wir mußten weiter und konnten uns keinen Liegetag leisten. Am Kap trafen wir statt britischer Kriegsschiffe nur einige englische Handelsdampfer, mit denen wir ironische Grüße austauschten. Erst bei Hellisö, der Nordeinfahrt nach Bergen, stießen wir auf einen britischen Hilfskreuzer, der aber keine Notiz von uns nahm. Die Arktur war an ihm bei guter Brise mit acht bis neun Knoten Fahrt so schnell vorbeigerauscht, daß ihm nicht viel Zeit zum Überlegen blieb. Dafür umkreiste uns ständig ein norwegisches Flugzeug und wasserte sofort neben uns, als wir im Herlöy Sund ankerten. Bevor wir weitersegeln durften, mußte eine Sondererlaubnis von Bergen eingeholt werden. Am nächsten Morgen hatten wir sie. Ein Kanonenboot war auch gleich zur Stelle und eskortierte uns nach Bergen.

Ich hatte diesen Hafen angelaufen, um dort den deutschen Konsul

aufzusuchen, ihm unsere Pässe vorzulegen und uns von ihm bei der Marineleitung in Kiel melden zu lassen. Wir hatten nämlich in Erfahrung gebracht, daß sich bei Kopervik, nördlich von Stavanger, alle deutschen Frachtschiffe sammelten, um im Konvoi durchs verminte Skagerrak in den Großen Belt geleitet zu werden. Und einem solchen Geleitzug wollte ich mich unter allen Umständen anschließen.

Doch es kam anders. Beim Verlassen der Kriegshafengrenze wurden wir von einem Wachschiff angehalten. Es hatte seine Kanone ganz eindeutig auf die Arktur gerichtet, als wir wegen Getriebeölmangel nicht weitermotoren konnten. Es herrschte absolute Flaute. Schließlich schleppte uns der Kahn drei Seemeilen zurück in einen kleinen Hafen. Dort gelang es uns, etwas Öl aufzutreiben. Man zeigte uns auch recht stolz fünf mit Minen vollgepackte norwegische Minenleger. Es wurde also höchste Zeit für uns, und wir machten uns gleich auf den Weg. Aber wir kamen zu spät zum Sammelpunkt und hatten damit den Anschluß an den letzten Konvoi verloren. Nun waren wir auf uns allein angewiesen.

Eine Nacht blieben wir noch in Stavanger und richteten es so ein, daß wir am späten Nachmittag die Schären verließen.

Im Schutz der Nacht wollten wir die unangenehm offene Ecke bei Kap Lindesnes runden. Vor Egersund entdeckten wir eine treibende Mine. Kurz darauf kam ein norwegisches Torpedoboot auf uns zugebraust. Die Arktur zeigte ihre Nationalflagge, worauf das Kriegsschiff das Signal setzte: »Stoppen Sie sofort, ich habe Ihnen Wichtiges mitzuteilen.« Wir bargen also in grobem Seegang unser Großsegel und drehten bei. Ein Kutter kam längsseit. Zwei Offiziere nahmen die schon gewohnte Untersuchung vor. Was war passiert? Ein norwegischer Dampfer hatte sich vor Obrestad von einer deutschen Yacht verfolgt gefühlt, die sich ihm »in offenbar feindlicher Absicht« genähert hätte. Spionagepsychose! Tatsächlich war uns ein Dampfer begegnet, der nach der Seestraßenordnung auszuweichen hatte, was er aber nicht tat. Die Arktur ging deshalb hinter seinem Heck herum. Das war alles. Und dafür hatte man uns ein Torpedoboot nachgehetzt!

Nachdem wir das geregelt hatten, rauschten wir mit günstigem Wind um Kap Lindesnes. Wir passierten es ohne weiteren Zwischenfall und segelten bis in die Nähe des Oslofjords – glücklich darüber, daß wir den schwersten Teil der Reise hinter uns gebracht hatten. Jetzt waren es nur noch sechshundert Seemeilen bis nach Hause. Diese Strecke konnte in fünf Tagen geschafft werden.

Glatt und ohne nochmaligen Aufenthalt durchsegelten wir entlang der schwedischen Westküste Skagerrak und Kattegat. Wir wollten auf dem kürzesten Weg durch den Öresund nach Swinemünde und hofften, daß es nun keine Verzögerungen mehr gäbe. Aber das sollte sich als Irrtum herausstellen. Nachdem wir in den Öresund eingelaufen waren, wurden vor der Drogden-Rinne zum vierten Mal die Kanonen für uns klargemacht. Diesmal waren es dänische! Wir sahen deutlich, wie die Geschützbezüge abgezogen wurden und zwei Mann sich an dem Geschütz zu schaffen machten: Die Drogden-Rinne war gesperrt. Es half nichts – wir mußten ein Stück zurückkreuzen und außen um Saltholm herum durch die Flintrinne segeln. Soweit die Dänen.

Aber auch die Schweden hatten noch eine Überraschung für uns parat: Vor der Minensperre bei Falsterbo, von deren Vorhandensein man mir in Stavanger berichtet und die ich in meine Karte eingezeichnet hatte, konnte kein Lotse aufgetrieben werden. Da es mittlerweile Abend geworden war und ich bei dem frischen Nordost nicht allein durch das verminte Rev schippern wollte, kreuzten wir nur unter der Fock und gut fünf Strich am Wind in den Sund zurück und ankerten vor Skanör. Als wir am nächsten Morgen auf der Suche nach einem Lotsen waren, sahen wir, daß einige Schiffe außen um das Minenfeld herumfuhren. So hatten wir einen guten Anhalt für die Lage der Sperre und deren Betonnung. Bei genauer Navigation müßte es möglich sein, ohne fremde Hilfe die Ostsee zu erreichen. – Nach vier Stunden mühsamer Knüppelei gegen den inzwischen auf Ost, Stärke sechs, aufgebristen Wind war es geschafft.

Swinemünde konnten wir mit dichtgeholten Schoten eben anliegen. Aber der Wind legte tagsüber noch zu und wehte bald mit sieben, in den Böen wohl auch mit acht Beaufort. Eine kurze steile See kam auf. Sie ließ das Schiff mächtig arbeiten. Die Notbeleuchtung, ein Kerzenhalter mit kardanischer Aufhängung und Glasglocke, sprang aus der Halterung, und die Glocke, die während der ganzen Reise allen Stürmen getrotzt hatte, zerschlug am Decksbalken. Der Anker, den wir am Morgen seefest gezurrt hatten, hob sich so an, daß die Auflageklötze fortschwammen. So hieß es also am Schluß der Reise noch einmal fünfzehn Stunden gegenanbolzen. Dabei segelte die gute ARKTUR immer noch einen Schnitt von acht Knoten heraus. Was für ein Schiff! Und was für eine Crew!

Vor Swinemünde ergab sich eine weitere Schwierigkeit: Das Wachboot wollte uns nicht einlaufen lassen. – Wenn man fast viertausend Meilen unter derart widrigen Begleitumständen hinter sich gebracht hat, empfindet man es als hart, bei stürmischem Wetter noch eine Nacht vor der Haustür herumkreuzen zu müssen. Deshalb hielten wir uns in Rufweite und begannen hart und zäh mit dem Bootsführer zu verhandeln. Leider erwies sich dies aber als noch schwieriger als der Verkehr mit der norwegischen Marine.

Doch endlich schien auch diese letzte Klippe überwunden. Vom Sicherungsboot wurde uns etwas zugerufen, was wir als Aufforderung zum Einlaufen auffaßten. Allerdings waren die Schiffe inzwischen so weit voneinander abgetrieben, daß das Heulen des Windes, das Brausen der See und das laute Muhen einer nahebei liegenden Heultonne eine Verständigung unmöglich machten.

Wir hatten nun wirklich keine Lust mehr, uns auf weitere Verhandlungen einzulassen. Deshalb ließ ich auf Einlaufkurs nach Swinemünde abdrehen. Die Ansteuerung kannte ich ja gut. Ich wunderte mich allerdings über die vielen zusätzlichen roten und grünen Lichter. Und auch eine mir bis dahin völlig unbekannte Ansteuerungstonne lag uns plötzlich im Weg. Ich kümmerte mich jedoch nicht darum und rauschte auf dem mir bekannten Kurs der Hafeneinfahrt zu.

Am 3. Oktober, früh um 05.00 Uhr, machten wir in Swinemünde fest – erschöpft und glücklich zugleich, auch das letzte Stück dieser strapaziösen Reise hinter uns gebracht zu haben. Doch das dicke Ende kam, als wir uns auf der Hafenkommandantur zurückmeldeten. Dort erklärte man uns kurz und unmißverständlich, man glaube nicht an diesen Schwindel: Swinemünde sei durch einen dichten Minengürtel gesperrt. Und ein Passieren dieses Gürtels sei für eine Yacht mit dem Tiefgang der ARKTUR ohne Kenntnis des Zwangsweges unmöglich oder käme zumindest einer Art Selbstmordversuch gleich.

Erst als wir ihnen die Stempel in unseren Pässen vorwiesen, glaubte man uns auf der Kommandantur und beglückwünschte uns zu diesem abenteuerlichen Husarenritt.

3800 Seemeilen lagen hinter uns. Wir hatten 43 Tage auf See oder vor Anker verbracht bei nur vier Hafentagen. Außer ein paar zerbrochenen Tassen, der zerschlagenen Notbeleuchtung, den zerstörten Farbfilmen und dem ausgelaufenen Akku waren keine Verluste zu beklagen: Die ARKTUR II hatte sich auf ihrer Jungfernreise glänzend bewährt. Und dank des Durchstehvermögens, der Umsicht und Erfahrenheit meiner Mannschaft war auch von der Besatzung niemand zu Schaden gekommen.

Anmerkung des Autors:
Die Segelkameradschaft »Das Wappen von Bremen« zeichnete diese schwierige Langfahrt mit dem »Preis für Seefahrt des Jahres 1939« aus. Außerdem wurde den Männern – als ersten deutschen Yachtseglern – von der Marineleitung das Blockadebrecherabzeichen verliehen.

Agenten an Bord

Mit Geheimorder Kurs Südafrika

Manche Leute werden mit einem silbernen Löffel im Mund geboren; anderen wird ein Marschallstab in die Wiege gelegt. H. Kutscha kam mit Schwimmhäuten an den Füßen zur Welt, also sozusagen als Amphibie.

Getauft hatte man ihn auf den Namen Heinz, aber die Segler kennen ihn nur als »Hajo«. Er wurde vor dem Ersten Weltkrieg in Berlin geboren. Sein ganzes Leben lang war er dem feuchten Element verfallen. So war der gelernte Versicherungskaufmann Anfang der zwanziger Jahre einer der ersten Yachtschüler des Deutschen Hochseesportverbands Hansa (DHH), dessen Schule damals noch in Neustadt (Holstein) lag. Er wurde Chemiekaufmann, fuhr auch mal nebenbei Nachttaxi, war zwischendurch Capitán der kolumbianischen Luftwaffe, segelte auf dem Wannsee, der Ostsee, im Mittelmeer und war Teilnehmer am Atlantikrennen 1936.

Hajo war Eigner einer Reihe von Seekreuzern, mit denen er ausgedehnte Reisen auf Nord- und Ostsee unternahm. Daneben wirkte er in zahllosen Ehrenämtern und war lange Zeit Bearbeiter des »Hafenhandbuchs Ostsee« der Kreuzer-Abteilung im Deutschen Seglerverband. Seit über dreißig Jahren ist Kiel sein berufliches und privates Domizil. Natürlich mit Boot vor der Tür.

Doch nun soll Hajo Kutscha die »Story seines Lebens« selbst erzählen:

Als 1939 der Zweite Weltkrieg ausbrach, verstaute ich die Segelsäcke meiner UARDA auf dem Dachboden meiner Berliner Wohnung. Mir war klar, daß mit dem Segeln vorerst Schluß wäre.

Um so überraschter war ich, als ich am 1. 3. 1941 einen Anruf meines alten Freundes Christian Nissen – unter Seglern allgemein »Hein Mück« genannt – erhielt, der mir ohne Umschweife die Frage stellte: »Hajo, willst du segeln?«

Natürlich wollte ich segeln, aber wie? Es war ja Krieg; die Häfen waren vermint und die Yachten eingemottet. Höchstens auf Binnengewässern durfte man ein wenig umherschippern. Doch das konnte Hein Mück kaum gemeint haben. Deshalb fragte ich ihn nach dem Wo und Wie.

»Das kann ich dir am Telefon nicht beantworten«, sagte er, »aber melde dich bitte morgen pünktlich um 09.00 Uhr in der Bendlerstraße bei Canaris. Dort erfährst du alles Weitere.«

Jetzt wurde mir doch etwas sonderbar zumute. Der geheimnisumwitterte Admiral Canaris war nämlich der oberste militärische Abwehrchef; und die »Bendlerstraße« kannte jeder Berliner als Sitz der Zentrale der deutschen Abwehr.

Ich muß sagen, daß mich in diesem Augenblick keine hehren patriotischen Gefühle bewegten. Einzig und allein die Aussicht, jetzt – mitten im Krieg – auf irgendeine Weise zum Segeln zu kommen (möglichst auf See!), veranlaßte mich, am nächsten Tag in der Bendlerstraße aufzukreuzen. Um so größer war meine Freude, dort außer Hein Mück auch noch vier andere mir bekannte, erfahrene

Hochseesegler anzutreffen, nämlich Hein Garbers, Paul Temme, Age Nissen und Kuddel Hamann.

Wir sechs »freiwilligen« Zivilisten wurden auf absolute Geheimhaltung verpflichtet und erfuhren sodann Einzelheiten des Unternehmens »Weißdorn«, das wir durchführen sollten.

Kurz gesagt: Es ging darum, mit einer Segelyacht von Frankreich aus zwei Agenten nach Südafrika zu bringen und nördlich von Kapstadt abzusetzen. Danach sollten wir – möglichst ohne Hafenberührung – zurücksegeln. Mit einem U-Boot wäre es schneller und einfacher gegangen. Aber die U-Boot-Flotte war damals nicht sehr groß, und man brauchte die Schiffe für wichtigere Zwecke. So war man auf den Einfall gekommen, eine Segelyacht für diese Aufgabe einzusetzen. Mit dieser genialen Lösung war ein Doppeleffekt verbunden: Einerseits schonte man die U-Boote, andererseits verschaffte man uns Seglern einen Traumjob. Denn mitten im Krieg auf Staatskosten etwa fünfzehntausend Seemeilen auf dem Atlantik zu schippern, war genau das, was wir uns nur erträumen konnten. Sicher war die Sache nicht ganz ungefährlich, aber darüber dachten wir nicht nach – jedenfalls nicht laut. Im übrigen verdrängte die Freude über den Langtörn alle etwaigen Bedenken rasch.

Von den beiden Agenten kannten wir nur die Tarnnamen. »Robby«, ein Bure, sollte in Südafrika, das ja damals noch ein britisches Dominion war, eine gegen die englische Verwaltung arbeitende nationale Widerstandsgruppe aufbauen. »Emil« hatte den Auftrag, eine direkte Funkverbindung vom Kap der Guten Hoffnung nach Berlin herzustellen und feindliche Geleitzüge zu melden. Einen entsprechenden Sender führte er während der Reise in seinem Gepäck mit.

Das Absetzen der Agenten sollte innerhalb einer vorgegebenen Frist von fünf Tagen erfolgen. Die Stelle der Anlandung im Nordwestzipfel der Südafrikanischen Union war auf unserer Seekarte genau bezeichnet: die »Twins«, zwei hohe Felsen im Wasser, etwa eine halbe Seemeile von Land und nicht weit von Port Nolloth entfernt.

Die für dieses Unternehmen in Frankreich beschlagnahmte Segelyacht KYLOË, eine etwa 22 Meter lange kuttergetakelte Slup, trug 180 Quadratmeter am Wind und hatte einen Dieselmotor von 30 PS. Die Ausrüstung war sicherheitshalber für eine Fahrtdauer von sechs Monaten ohne Anlaufen eines Hafens berechnet. Deshalb nahmen wir unter anderem sechseinhalb Tonnen Trinkwasser in Tanks mit auf die Reise, sowie für ein halbes Jahr Proviant.

Am 1. 4. 1941 verließen wir den Hafen Paimpol in der Bucht von St. Malo im Schlepp eines V-Bootes der Marine, das von einem zweiten begleitet wurde. Der Schleppzug ging westwärts durch den Ärmelkanal bis kurz vor Brest. Nachdem wir zwei Stunden unterwegs waren, überflog uns ein von England kommendes Flugzeug und warf drei Bomben über uns ab. Da sie uns nicht trafen, betrachteten wir diesen britischen Willkommensgruß als glückliches Vorzeichen für den weiteren Reiseverlauf.

Am 3. April legten wir von dem kleinen Hafen Camaret – dicht bei Brest – ab. Endlich liefen wir unter Segel! Starker Südwest zwang uns bald, drei Reffs einzudrehen; zwei Tage mußten wir dann einen Weststurm Stärke neun beigedreht abwettern.

Als der Wind nachließ, setzten wir Kurs auf Finisterre ab – das Kap an der Nordwestecke Spaniens. Etwa 35 Seemeilen vor dem Kap umkreiste uns ein kleines Flugzeug. Wir wurden mehrfach fotografiert. Weil wir die Nationalität nicht genau ausmachen konnten, setzten wir der Vorsicht halber die amerikanische Flagge (die USA befanden sich damals noch nicht im Krieg mit Deutschland). Außerdem beschlossen wir, ab sofort küstennahe Gewässer zu meiden, und wählten deshalb einen Kurs, der außen um die Azoren herumführte.

Auf dem Weg dorthin hatten wir oft schlechtes Wetter und mußten mehrmals beidrehen. Dazwischen lagen Tage, an denen die KYLOË bis zu zehn Knoten Fahrt lief. Eine hohe See warf uns einmal einen Tintenfisch an Deck.

Ab 19. April segelten wir im NO-Passat und schafften an drei Tagen sogar Etmale von mehr als zweihundert Seemeilen. Zur Zweitausend-Seemeilen-Feier mixte uns Skipper Hein Mück einen guten Cocktail.

Die Fische bissen auf alles, was sich im Wasser bewegte. Leider ging dadurch unser Logscheit verloren. Mit Hilfe der Schleppangel hatten wir bald einen großen Bonitofisch an Bord, eine herrliche Abwechslung nach den vielen Konserven. Je wärmer das Wasser wurde, desto mehr fliegende Fische landeten nachts an Deck. Die Morgenwache durfte sie einsammeln und braten; einmal waren es vierzehn Stück. Einer flog eines Nachts durch ein Bulleye dem schlafenden Skipper mitten ins Gesicht.

Als wir die Azoren gerundet und etwa dreitausend Seemeilen gesegelt hatten, kamen wir in den Dampfertrack. Wir hatten wenig

Interesse an Begegnungen mit anderen Schiffen und mußten deshalb oft den Kurs wechseln. Im Gebiet der Mallungen kamen dann auch die ersten Flautentage. Ausgedehnte Seetangfelder und große Meeresschildkröten kamen in Sicht. Im Seegang brach die Großdirk; sie konnte aber schnell repariert werden.

Als sich an der engsten Stelle des Atlantiks die Begegnungen mit Dampfern häuften, änderten wir unseren Kurs nach Westen, um etwas außerhalb des Schiffahrtsweges zu segeln. Das sollte aber bald unangenehme Folgen für uns haben.

In meiner Eigenschaft als Wachführer der Backbordwache hatte ich den Agenten Robby zum Rudergänger angelernt. Kurz nachdem wir unseren Kurs nach Westen verlegt hatten, saß er am Ruder. Nur zwei Mann waren an Deck. Er legte seinen Revolver neben sich und beschimpfte den Skipper mit üblen Kraftausdrücken. Als Grund für sein sonderbares Verhalten gab er an, wir hätten den westlichen Kurs nur gewählt, weil wir uns bis Kriegsende im neutralen Brasilien in Sicherheit bringen wollten. Dadurch sei die Durchführung seines wichtigen Auftrags unmöglich geworden.

Was war in dieser Lage zu tun? Um ihn nicht unnötig zu provozieren, versammelten wir uns erst mal hinter dem großen Wassertank an Deck und hielten Kriegsrat. Robby steuerte den bisherigen Kurs weiter, und wir warteten ab, was er nun unternehmen würde.

Im Grunde genommen war er ein freundlicher Typ; aber sein Agentenauftrag hatte ihn mit solch blindem Fanatismus erfüllt, daß er mißtrauisch gegen alles und jeden wurde. – Als eine Stunde vergangen war, versuchte der Skipper, mit ihm zu reden und ihm die Sachlage zu erklären. Aber Robby hörte nicht zu, sondern bedrohte ihn mit der Waffe. Da ich als sein Wachführer ein sehr gutes Verhältnis zu ihm hatte, entschloß ich mich, selbst einen Versuch zu machen. Ich näherte mich ihm mit erhobenen Händen und freundlichen Worten, und er erlaubte mir, neben ihm im Cockpit Platz zu nehmen. Nun konnte ich ihm den Zweck des Kurswechsels in aller Ruhe erklären und daß dies ja schließlich nur der Erfüllung seines Auftrags dienen sollte. – Darauf steckte er nach einer halben Stunde seine Kanone wieder ein, und die Wogen glätteten sich. Über diesen Vorfall wurde später kein Wort mehr verloren; aber von diesem Augenblick an betrachteten wir unseren unberechenbaren Gast doch mit einiger Skepsis, denn so etwas konnte sich ja wiederholen.

Am 3. Mai kreuzten wir den Äquator bei ONO-Wind der Stärke zehn bis elf. Es stand eine lange, hohe See; in harten Regenböen packte sie die KYLOË bis zu den Aufbauten weg. So konnte eine zünftige Linientaufe erst am nächsten Tag stattfinden, nachdem Wind und Seegang etwas handiger geworden waren. Neptun erschien zu diesem Zweck »mit Gefolge«, und die Täuflinge tranken sehr gefaßt die übliche Mischung aus Salzwasser, Senf, Maggiwürfeln, Kakao, Pfeffer und roter Beete.

Der Sternhimmel zeigte jetzt das »Kreuz des Südens«. Wir kamen gut voran. Bei Flaute gab es ein Badefest mit Säuberung der Außenhaut. Nach fünftausend Seemeilen passierten wir auf 21° Süd die brasilianische Insel Trindade im Abstand von vierzig Seemeilen. Kurz danach fiel das Radio aus, und ein Wassertank wurde leck. Das veranlaßte uns, direkten Kurs auf Südafrika zu nehmen, und so segelten wir nach 45 auf Steuerbordbug verbrachten Tagen erstmalig auf Backbordbug. Außer Walen und Delphinen besuchten uns Albatrosse, Mollyhawks, Kaptauben und Seeschwalben.

Wir lagen im Bereich der Südatlantikdünung. In harten Böen bis Stärke neun und hoher See machte die Yacht unglaubliche Bewegungen. Zwei riesige Blauwale begleiteten uns längere Zeit, und ein Finnwal tauchte unter der KYLOË durch.

Als es zu hart wehte, lenzten wir vor Topp und Takel. Die hohe, steile, brechende See – Ausläufer der »Roaring Forties« – veranlaßte uns zum Ausbringen von zwei langen Schlepptrossen, die wir in Buchten übers Heck fierten, um die Fahrt etwas zu vermindern. Der Wind frischte auf und kam jetzt mit zehn bis elf Stärken aus West; der Rudergänger konnte nur angeleint an Deck sitzen.

Ein paarmal wehte es auch hart aus Südost, teilweise mit neun Beaufort, so daß wir gezwungen wurden, längere Zeit beigedreht zu liegen. Fast drei Wochen lang hatten wir nun schon nasses Zeug am Leib, und noch immer lag eine große Strecke Seeraum zwischen uns und unserem Zielort.

Am 8. Juni aber konnten wir endlich, nach einer Reise von achttausend Seemeilen, die Segel bergen und unter Motor Kurs auf die uns zugewiesene Anlandungsstelle nehmen. Nun mußte sich zeigen, ob unsere Navigation stimmte, die ich zusammen mit Paul Temme übernommen hatte.

Einige Seemeilen bevor das Land in Sicht kam, zog dichter Seenebel auf. Er schützte uns zwar gegen Sicht, erschwerte aber das Auffinden der beiden Twin-Felsen ganz erheblich. Doch das Schicksal meinte es gut mit uns: Eine Seemeile vor dem Landfall klarte es plötzlich auf – die Felsen lagen unmittelbar vor uns.

Wir atmeten erleichtert auf. Eine stolze Leistung, wie wir fanden, nach 45 Tagen auf See, ohne Radar und Funk, nur mit recht primitiven Navigationsmitteln versehen, das Ziel genau vorauszupeilen. Das sollte uns erst mal jemand nachmachen. Doch leider wurde unsere Euphorie rasch abgekühlt. Der Vollmond war durchgekommen. Er beleuchtete nicht nur Küste und Felsen, sondern leider auch den weiß angestrichenen Rumpf unseres Schiffes.

Es dauerte auch gar nicht lange, und ein rotes Sternsignal stieg über dem Strand hoch. Vermutlich hielt uns die Küstenwache für Sportsegler aus Kapstadt und wollte uns vor den Felsen warnen.

Nun mußte alles schnell gehen: Das Schlauchboot kam zu Wasser; Robby nahm das Gepäck über; ein kurzes Händeschütteln, und er pullte zum Strand, vor dem eine mächtige Brandung stand. Für unsere Ohren ungewohnte Tierstimmen tönten von Land her übers Wasser zur KYLOË herüber.

Den Funker Emil setzten wir nicht mit ab – Robby hatte sich mit Händen und Füßen dagegen gewehrt, weil er sich durch ihn in hohem Maße behindert fühlte. Wir hatten dafür großes Verständnis, weil Emil nach unserer Auffassung nicht weit gekommen wäre. Er sprach weder Englisch noch Afrikaans, sondern nur Italienisch. Was mochte die deutsche Abwehr bewogen haben, diesen freundlichen Süddeutschen in ein Land zu schicken, dessen Sprache er nicht verstand? Er wäre tatsächlich eine Gefahr für das Unternehmen gewesen. Da die Entscheidung bei Robby als Kommandoführer lag, verdankte Emil ihm mit Sicherheit, daß er am Leben blieb.

Nachdem Robby uns verlassen hatte, gingen wir sofort ankerauf und motorten mit Vollgas zurück in die schützende Nebelwand. Unser Kurs war nun Nordwest; St. Helena sollte im großen Bogen umfahren und weit an Steuerbord gelassen werden. Die Nähe einiger Dampfer war, wie wir meinten, dabei nicht zu vermeiden. Doch waren wir bis hierher gekommen, würden wir uns auch weiterhin durchschlagen.

Am Freitag, dem 13. Juni, wurde die Lage für uns plötzlich ernst. Nachmittags kam ein großer englischer Hilfskreuzer rasch von achtern auf und hielt genau auf uns zu. Schon von weitem erkannten wir, daß er das Flaggensignal gesetzt hatte, das wir am meisten fürchteten: »What ship?« – An Deck standen einige hundert Männer mit weißen Turbanen – offenbar indische Soldaten.

Der dicke Pott kam auf etwa dreißig Meter längsseit, und man konnte erkennen, daß ein Boot klargemacht wurde, um ein Prisenkommando überzusetzen. Dies aber mußte unter allen Umständen verhindert werden. Wir setzten daher die amerikanische Flagge. Und zwar betont lässig – beim ersten Mal sogar versehentlich über Kopf, also die Sterne nach unten, danach richtig –, aber ohne Eile, was der Zeremonie den Anstrich yankeehafter Nonchalance geben sollte.

Auf der Brücke standen acht Schiffsoffiziere mit weißen Mützen. Alle hatten große Doppelgläser vor den Augen. Einer von ihnen rief uns durch ein Megaphon zu: »What ship?« – Hein Mück, in eine geradezu abenteuerliche Bekleidung gehüllt, antwortete in bestem amerikanischem Slang: »WHITE STAR, from Brisbane homeward

bound for God's own country!«

Daraufhin wurde das Klarmachen des Bootes gestoppt. Die Offiziere berieten sich kurz; dann hörte man deutlich den Maschinentelegrafen auf »Zweimal langsam voraus« gehen. Die Offiziere rissen ihre Mützen vom Kopf und riefen: »Three cheers for Roosevelt!« Ein Ruf, in den wir natürlich lauthals einstimmten.

Nach diesem aufregenden Zwischenspiel gingen wir wieder – hörbar aufatmend – auf Kurs. Eine große Cocktailstunde war fällig.

In einer der folgenden Nächte kam bei schlechter Sicht ein bewaffneter Hilfskreuzer aus dem Dunst heraus bis auf eine halbe Seemeile auf uns zu. Als er uns genau erkennen konnte, löschte er alle Lichter und lief im Zickzackkurs ab. Vielleicht hielt er uns für eine U-Boot-Falle. – Wir weinten ihm keine Träne nach.

Das Wetter wurde dann wieder sehr stürmisch. Am 21. Juni fauchten von Südwesten her aus dichten, tiefhängenden Wolkenbänken schwere Regenböen mit Windstärken um zehn bis elf über uns hinweg. Sie bedeuteten höchste Beanspruchung für den Bootsrumpf und das Rigg. In der groben See arbeitete die KYLOË unheimlich stark und fiel von Zeit zu Zeit in tiefe, vom Seegang gebildete Löcher, während Brecher über Deck wuschen und das Cockpit oft bis zum Rand füllten. Das Seehandbuch sagte dazu trocken: »Roller aus Süd«. Sobald das Wetter handiger wurde, segelten wir durch Walschulen mit oft Hunderten von Jungtieren.

Emil hatte jetzt die Kombüse übernommen; die Crew stellte mit Genugtuung fest, daß er mit Freude und Verstand kochte. Als wir am 24. Juni zehntausend Seemeilen abgespult hatten, bereitete er uns ein Galamonsterdinner aus allen Konserven, die Küche und Keller hergaben.

Ein Fischdampfer mit sehr kleiner, zerfetzter englischer Flagge passierte uns. Am Heck war ein MG-Stand zu erkennen. Er setzte ein Signal: »Gute Fahrt!« – Hein Garbers meinte, das könne nur die MARIE-LUISE aus Finkenwerder mit Kapitän Meier gewesen sein. Eine Erkundigung nach unserer Rückkehr bestätigte diese Vermutung.

Bei viel Wind von achtern brach unser Steuerbord-Unterwant am Toppspleiß mit mächtigem Knall, aber der Mast blieb gottlob stehen. Nach zwei Stunden war alles wieder klar.

Anfang Juli verließen wir den Südatlantik, nachdem wir uns zwei Monate lang mit ihm abgequält hatten: Nach einhundert Tagen auf See waren zwölftausend Seemeilen geschafft. Da meldete das inzwischen von mir reparierte Radio die Besetzung Islands durch die Amerikaner. Das war eine schlechte Nachricht für uns, und wir hielten Kriegsrat, ob es nicht besser sei, unter diesen Umständen auf direktem Weg ein neutrales Land an der Westküste Afrikas anzulaufen.

Laut Seehandbuch bot sich Villa Cisneros an, ein kleiner Hafenplatz in der spanischen Kolonie Rio de Oro (damals auch »Spanisch Sahara« genannt; heute »Westsahara« und autonom). Dort war auch ein Flugplatz mit regelmäßigem Flugverkehr nach dem mit uns verbündeten Italien. Das war für uns günstig.

Also unternahmen wir nach vierzehntausend Seemeilen Kurswechsel in Richtung Land. Auch diesmal war die Annäherung an die Küste von dichtem Nebel begleitet. Wir hörten die Schraubengeräusche einiger großer Frachter, die dicht an uns vorbeidampften. Ab zweihundert Meter Wassertiefe tasteten wir uns mit dem Lot bis zum Landfall, etwa sechs Seemeilen nördlich des Hafens.

Vor der Küste war eine größere Fischerflotte mit dem Fang beschäftigt. Einige Fischersleute kamen zu uns an Bord, bewunderten unser Boot und brachten Fische mit, die wir so lange entbehrt hatten, weil bei solch schlechtem Wetter, wie wir es hatten, kein Fisch auf die Schleppangel beißt. Da ich nach zweijährigem Aufenthalt in Kolumbien gut Spanisch sprach, konnten wir uns mit den Fischern verständigen. So gelang es uns denn auch, einen von ihnen, einen älteren Mann, anzuheuern, damit er uns über eine größere Barre lotste, die vor dem Hafen lag.

Im Hafen angekommen, gingen wir vor Anker, und zwar in unmittelbarer Nähe eines am Wasser liegenden Forts mit über dreihundert dort stationierten Soldaten. Wir setzten die Flagge des Deutschen Seglerverbandes, die ich vorsichtshalber mitgenommen hatte. Nach kurzer Zeit kam ein Boot mit einem Major und dessen Adjutanten längsseit. Wir baten sie an Bord und erklärten auf ihre Frage nach dem Woher und Wohin, daß wir deutsche Seeleute seien, die aus Buenos Aires kämen und von hier auf dem Luftweg weiter nach Deutschland wollten. Die Offiziere sahen uns mißtrauisch an und ersuchten Hein Mück, unseren Skipper, und mich als Dolmetscher, mit an Land zu kommen, um mit dem Kommandanten zu reden.

Wir fuhren also mit. – Beim Kommandanten waren schon sämtliche Offiziere der Garnison versammelt. Ich sagte ihm das gleiche wie schon seinem Major. Aber er schüttelte nur unwillig den Kopf, weil er alles anscheinend für Schwindel hielt. Da gab mir Hein Mück einen

Brief und bat mich, dem Kommandanten den Inhalt zu übersetzen. Es war ein Schreiben der Dienststelle Canaris, in welchem stand, daß die Yacht KYLOË ein deutsches Hilfskriegsschiff sei, das entsprechend den Regeln der Genfer Konvention behandelt werden müsse.

Jetzt machte der Kommandant kein Hehl mehr daraus, daß er uns für zweifelhafte Subjekte halte und kein Wort von dem glaube, was ich ihm so schön erklärt hatte. Als wir energisch protestierten, beriet er sich mit seinen Offizieren; das Ergebnis war, daß er seinen Adjutanten beauftragte, einen Mann namens Don José zu rufen.

Dieser erschien nach kurzer Zeit – von Kopf bis Fuß das Abbild eines typischen Spaniers. Er las den Brief, musterte Hein Mück und mich sehr eingehend und sagte nur kurz: »Mein Kommandant, ich kann Ihnen in zehn Minuten sagen, ob der Brief echt ist.«

Es war kurz vor 12.00 Uhr, als er verschwand. Zehn nach zwölf kehrte er pünktlich zurück und wandte sich an uns in akzentfreiem Deutsch: »Meine Herren, Admiral Canaris beglückwünscht Sie zur guten Beendigung Ihres Unternehmens und ist mit Ihren Maßnahmen einverstanden!« Danach unterrichtete er die Offiziere auf spanisch.

Das war's also: Don José war ein deutscher Agent, der in ständiger Verbindung mit der Abwehrstelle Canaris stand und um 12.00 Uhr zur vereinbarten Zeit eine Funkverbindung benutzte. Anscheinend war unsere Abwehr ganz gut organisiert!

Die Offiziere entschuldigten sich für ihr Mißtrauen und erklärten uns, sie hätten uns für englische Spione von den Kapverdischen Inseln gehalten. Aber nun sei ja alles klar!

Wir hatten das Glück, daß eine italienische Fluglinie, die zwischen Buenos Aires und Rom verkehrte, regelmäßig auf dem Flugplatz von Villa Cisneros zum Auftanken zwischenlandete. So war es möglich, daß unser Skipper schon am nächsten Tag nach Deutschland fliegen konnte. Uns anderen gelang es innerhalb der nächsten vier Wochen dann ebenfalls, einen freien Platz in einer dieser Maschinen zu ergattern.

So kamen wir alle nach einer Abwesenheit von mehr als hundertelf Tagen wieder gut nach Hause, um dort unsere alten zivilen Funktionen zu übernehmen. Emil, der Funker, meldete sich erleichtert bei seinem Stammtruppenteil, um künftighin für Aufgaben eingesetzt zu werden, für die er besser geeignet war.

Ach ja – was war aus Robby geworden ...? Hatte er sein Unternehmen erfolgreich zu Ende führen können? – Nein, es endete kläglich. All sein fanatischer Übereifer hatte ihm nichts genützt – oder vielleicht sogar geschadet.

Er blieb im feingestrickten Netz des britischen Geheimdienstes hängen, wurde enttarnt und landete in einer eigens für ihn aufgebauten Falle. Danach saß er sieben Jahre im Gefängnis. Aber wie das Leben so spielt: 1948 endete die britische Herrschaft über die Südafrikanische Union; der Führer der Nationalistenpartei, der Bure Malan, wurde Premierminister. Dadurch kam Robby aus dem Gefängnis frei und erlangte nachträglich noch einige Berühmtheit. Er heiratete, wurde Vater von zwei Kindern, lebte lange auf einer Farm in Transvaal und starb 1966 im Alter von 52 Jahren.

Südliches Intermezzo

Ein Segler wird unfreiwillig zum Handelsschiffskapitän

Brindisi, Frühjahr 1942. Rommel kämpfte in Afrika, und von Brindisi, Tarent und Bari aus wurde der Nachschub für das deutsche Afrikakorps nach Tripolis verschifft. Es verging kein Tag, an dem die wachsamen britischen U-Boote nicht einen dieser Transporter in die Luft bliesen. Manche schon vor der Haustür und einige bereits im Hafen. Dazu die nächtlichen Fliegerangriffe – der Krieg im sonnigen Süden war ungemütlich geworden.

Ich hatte da unten dienstlich zu tun und wohnte in Brindisis fein-

stem Marmorschuppen, dem GRANDE ALBERGO. *Abends langweilte ich mich an der Bar. Da trat ein blaugekleideter Zivilist auf mich zu, der wie ein Seemann aussah. Er hatte den freien Platz an der Theke entdeckt und fragte höflich – auf deutsch –, ob er Platz nehmen dürfe.*

»Bitte!« Ich war froh, in der fremden Stadt etwas Gesellschaft zu finden, und fragte ihn, wo er herkomme und ob er Deutscher sei. Dann tranken wir eine Grappa zusammen.

So erfuhr ich bald, daß der Blaue vom Bodensee stammte, genauer: aus Lindau. – »Schöne Gegend«, warf ich meinen Haken aus, »herrliches Segelrevier!«

»Segeln Sie etwa?« rief da der Blaue und sprang vor Freude vom Barhocker. »Mensch, das ist doch nicht möglich. Ein Segler! Ausgerechnet hier in diesem Kaff!« Und er erzählte, daß er leidenschaftlicher Regattasegler sei, und fragte mich, ob ich seine Schärendreißiger GIPSY III, IV *und* V *nicht kenne. Was – nie davon gehört? Was mochte ich bloß für ein Segler sein? Seine* GIPSY *nicht zu kennen! Ich erklärte es ihm. Aha, ein Norddeutscher, das machte ihm manches klar. Wohl nie über die Ostsee hinausgekommen?*

Das Gespräch ging hin und her. Er hieß Kurt Boxberger, und wir sagten bald du zueinander. Ich fragte ihn, warum er nicht zur Wehrmacht eingezogen wäre und statt dessen in dieser pseudo-seemännischen Verkleidung herumliefe.

»Ach«, antwortete er, »das ist eine lange Story. Aber wenn du willst, erzähle ich sie dir gerne.« Darauf setzten wir uns in eine stille Ecke des Marmorschuppens, steckten uns eine Zigarette an, versorgten uns mit Getränken . . . und vergaßen die ganze scheußliche, kriegerische Welt um uns. Wir redeten so, wie Segler eben zusammen reden. Und dies ist seine Geschichte:

Weißt du, ich rede sonst nicht gern über meine privaten Angelegenheiten. Aber die Freude, so unerwartet und ausgerechnet hier, am Ende der Welt, einen Yachtskipper zu treffen, hat mich derart aufgemöbelt, daß es mir direkt ein Bedürfnis ist, einem Landsmann einiges aus meinem Leben zu erzählen.

Also fangen wir ganz von vorne an. Ich bin von Hause aus Tabakfachmann. Zu Beginn der dreißiger Jahre war ich Einkäufer für die bekannte Zigarettenfabrik XY. Der Tabakeinkauf vollzog sich nicht so, daß man sich Muster schicken ließ, nach deren Befund man seine Partien aussuchte. Nein – meine Kollegen und ich reisten selbst

in die Tabakanbaugebiete, wo wir uns sozusagen »auf dem Halm« die geeignete Ware auswählten. So war ich jedes Jahr mehrere Monate im Ausland. Um so schöner war es dann, wenn ich für eine Weile in mein geliebtes Lindau zurückkehren und mit der GIPSY an möglichst vielen Bodenseeregatten teilnehmen konnte.

Eine dieser Einkaufsreisen führte mich ins griechische Mazedonien. Dort lag ein großes Anbaugebiet in der Nähe eines riesigen Süßwassersees. Du wirst verstehen, daß ich mich gleich erkundigte, ob hier auf diesem idealen Gewässer Segelsport betrieben würde. Aber in dem armen und damals wohl auch recht rückständigen Land segelte niemand zum Vergnügen. Außer ein paar Fischerbarken gab es kein Schiff auf dem See. Nun, sagte ich mir, dann segelst du eben mit den Fischern. So kam es, daß ich mich mit diesen gutmütigen, braunhäutigen Leuten, die mit primitiven Mitteln ein wenig Stellnetz- und Reusenfischfang betrieben, anfreundete und abends oft mit ihnen hinausfuhr, um den Fang einzuholen. Ich verstand ein wenig von ihrer Sprache, und wir verständigten uns recht und schlecht – so, wie es eben Seglerart ist.

Bei einer dieser nächtlichen Fahrten fragte ich Alim, meinen besonderen Freund, warum es auf diesem großen Wasser so wenige Fischer gäbe. Der Fischreichtum war sichtlich groß. Da erzählte er mir, daß seine Landsleute keine Freunde von Fischgerichten seien. Es gäbe in dieser Gegend eigentlich niemanden, der für den Fang etwas bezahlen wolle. Darum hätten auch schon viele Fischer ihren Beruf aufgegeben und seien in die Landwirtschaft oder in die Industrie abgewandert. Außerdem würde der See im nächsten Jahr durch eine britische Gesellschaft trockengelegt. Die Regierung wolle Land gewinnen. Und auch die Mücken, die als Verbreiter übler Seuchen zu einer Geißel des Landes geworden waren, wolle man dadurch ausrotten. »So ist es eben, Herr«, sagte Alim, »dem einen sein Brot, dem andern sein Tod.«

Für Alim war die Sache erledigt. Er würde zu seinem Onkel ins Hochland ziehen und Tabak pflanzen. Das brachte mehr ein. Doch für mich begann die Geschichte interessant zu werden. »Alim«, sagte ich, »was wird aus den Fischen, wenn der See trockengelegt wird?« – »Ach, Herr«, gab er zur Antwort, »sie werden sterben, was sonst?«

Ich muß sagen, daß mich diese Auskunft zutiefst beeindruckte. War ich nicht am Schwäbischen Meer großgeworden? Hatte ich nicht schon als kleiner Bub die Fischer begleitet? Lebte ich nicht als Segler in ständigem Kontakt mit dem Wasser und allem, was darauf und darin schwamm? – Die Sache ließ mir keine Ruhe mehr.

Ich schloß meine Tabakgeschäfte ab, reiste an die Küste und holte mir aus Saloniki einen Fischereifachmann. Mit dem fuhr ich zu meinem See und ließ mir eine Expertise über den dort vorhandenen Fischbestand anfertigen. Das dauerte einige Tage, aber ich ließ mir Zeit. Als ich die Zahlen schwarz auf weiß vor mir sah, glaubte ich zu träumen: Selbst wenn mein Fachmann etwas dick aufgetragen hatte und man ein Drittel davon abzog, mußte allein der Bestand an Aalen denjenigen zu einem reichen Mann machen, der es verstand, diese Biester lebend auf irgendeinen europäischen Markt zu bringen.

Ich flog nach Deutschland zurück, nahm meinen Urlaub und verhandelte mit einigen Fischimporteuren, die über geeigneten Transportraum verfügten. Ich kann es kurz machen: Die Importeure waren von dem Vorschlag begeistert! Die griechische Regierung auch, denn sie steckte durch die Erteilung der Konzession eine unerwartete Gebühr für etwas ein, das sie bisher für unverkäuflich gehalten hatte. Ich selbst aber war mit einem Reingewinn von zwanzig Pfennig an jedem Kilo beteiligt. Du meinst, das sei nicht besonders üppig? Nun, wir holten immerhin einhundertfünfzig Tonnen Aale und auch sonst einen Haufen Edelfische aus dem See. Mithin hatte ich an der Trockenlegung auf einen Schlag fünfunddreißigtausend Reichsmark verdient.

Wenn mir dieses Aalgeschäft auch mancherlei Arbeit und Ärger verursachte – es ist nicht einfach, einen Fischtransport über derart lange Strecken so zu organisieren, daß zum Schluß nicht nur stinkende Fischleichen im Bestimmungshafen ankommen –, so interessierte es mich doch viel mehr als der Tabakhandel. In Amerika kannte man längst Kühlketten und Spezialwaggons, aber eben noch nicht in Europa. Also mußte ich mir etwas anderes ausdenken. Welch ungeahnte Möglichkeiten boten sich einem cleveren Geschäftsmann!

Ich sagte meiner Zigarettenfirma Lebewohl und machte mich daran, mit meinen Ersparnissen und dem Gewinn aus dem mazedonischen Geschäft eine eigene Firma als Fischzüchter und -händler zu gründen.

Nun denkst du natürlich: am Bodensee, wo der Kurt seinen Kahn liegen hat. Nein, mein Lieber – da liegt kein Geld mehr auf der Straße. Und im See schwimmt erst recht keins. Ich sagte mir, du mußt in eine Gegend gehen, in der noch niemand auf den Gedanken gekommen ist, den Aalfang auf ganz breiter Basis kommerziell zu betreiben.

Zuerst versuchte ich es in Ägypten. Das Nildelta schien mir für meine Zwecke am geeignetsten. Aber der Fuad* und seine englischen Freunde wollten keine Fremden in das Geschäft einsteigen lassen, und die Verhandlungen mit der Regierung zogen sich so lange hin, bis ich die Geduld verlor und wieder nach Griechenland ging. Das war eine tolle Sache, sage ich dir! Dort gab es massenhaft Seen und kaum jemanden, der sich dafür interessierte, was darin schwamm. Da die Hellenen eine sehr fischreiche Küste haben und die halbe Küstenbevölkerung von der Fischerei lebt, konnte ich das zunächst nicht verstehen. Aber ich kam bald dahinter: Fische aßen dort nur die armen Bewohner der felsigen Küstenstreifen. Wer Ackerland besaß, hatte Ziegen, Hühner, Schweine und Gemüse und brauchte keinen Fisch zu futtern.

So gelang es mir innerhalb weniger Jahre, mit wohlwollender Unterstützung der griechischen Regierung in über zweihundert Tei-

* Fuad, 1922–1936 ägyptischer König

chen und Seen Karpfen, Schleie und Aale zu züchten und einen schwunghaften Fischexport nach Deutschland zu organisieren. Dort war man meinen Fischzuchtplänen gegenüber sehr aufgeschlossen. Du weißt ja – Devisen waren knapp! Zudem konnte ich meine griechischen Aale trotz des langen Frachtweges billiger anbieten als Deutschlands Nachbarländer. Jedes Jahr machte ich drei Monate Urlaub und segelte auf dem Bodensee Regatta.

In den Jahren 1938/39, als der Fischimport aus England und Norwegen wegen des totalen Devisenmangels völlig zum Erliegen kam, fing mein Weizen erst richtig an zu blühen. Mit Griechenland bestand ein Clearing-Abkommen; ich konnte daher ohne Rücksicht auf die Devisenlage so viele Aale nach Deutschland exportieren, wie meine Teiche nur hergaben.

Am schwierigsten gestaltete sich der Transport. Es gab keinen einzigen Kahn im ganzen Levanteraum, bei dem sich ein Umbau zum Aaltransporter gelohnt hätte. Deshalb entschloß ich mich 1938 zum Bau eines eigenen Schiffes. Der Staat beteiligte sich mit achtzig Prozent an den Baukosten und übernahm für den Rest die Bürgschaft. So entstand auf einer Hamburger Werft mein 450 Tonnen großes Aalschiff LINDAU. Du kannst dir vorstellen, wie mir als Klütenschipper die »Reeder«-Brust schwoll.

Ein toller Kahn war das übrigens: Bei nur sechzig Zentimeter Freibord hatte er drei Meter Tiefgang und sah aus wie ein Unterseeboot. In vier großen Bünnen zirkulierte das Süßwasser durch die Bewegungen des Rumpfes im Seegang. Bei ruhigem Wetter zerstäubte eine hydraulische Pumpe das Wasser an der Decke. Außerdem wurde es künstlich mit Sauerstoff angereichert. Zwei hochmoderne Diesel hatte die LINDAU, mit denen sie zwölf Knoten Fahrt laufen konnte, dazu eine mit allen Schikanen versehene Klimaanlage, elektrische Küche, Bäder und eine starke Funkstation.

Oft habe ich damals als Badegast die Reise von Patras nach Triest auf meinem Schiff mitgemacht. Auch während der Überführung durch die Biskaya war ich an Bord des für eine so lange Reise doch recht kleinen Fahrzeuges. Dabei eignete ich mir nach und nach allerlei seemännische Kniffe an und lernte auch einiges von der in der Schiffahrt üblichen Navigation, die ich auf dem Bodensee ja bislang nicht gebraucht hatte.

Als im November 1940 der Krieg zwischen Griechenland und Italien

ausbrach, lag die LINDAU gerade in Piräus, während ich bei meiner Familie am Bodensee war. Mein erster und einziger Gedanke galt jetzt nur dem Schiff, mit dessen Verlust ja auch zugleich meine eigene Existenz in Frage gestellt war. Ich reiste sofort nach Athen und fand im Hafen die LINDAU noch unversehrt vor. Die griechische Mannschaft war natürlich längst von Bord verschwunden, und auch viele Mitglieder der deutschen Kolonie hatten sich nach Deutschland abgesetzt. Die Diplomaten und einige deutsche Geschäftsleute waren aber noch im Lande geblieben.

Angesichts dieser Situation wurde mir sofort klar: Die LINDAU mußte unbedingt auf dem schnellsten Weg in ein neutrales Land gebracht werden. Aber wie? Woher die Besatzung nehmen? Und wie sah es mit der Freigabe des Schiffes durch die Behörden aus? Dieselöl war gesperrt; Lebensmittel waren kontingentiert; im Hafen herrschte Kriegszustand. Ach, mein Lieber, das war eine verrückte Zeit! Zum Schluß wußte ich nicht mehr, wen ich womit bestochen hatte. Aber ich hatte Erfolg: Nachts kamen Kisten und Säcke mit Proviant an Bord; eine Barkasse brachte Treibstoff; dem Hafenkapitän wurden die Augen mit Drachmen-Scheinen zugedeckt; Wachtposten wurden geschmiert; sogar eine sogenannte »Mannschaft« aus Landlubbern, also Nichtseeleuten, fand sich ein.

Die Ausreise, die in aller Heimlichkeit vor sich gehen sollte, war auf Mitternacht festgesetzt. Von den sieben Männern der Crew war keiner jemals an Bord eines Schiffes gewesen. Die Rollen hatte ich wie folgt verteilt: Ich selbst machte den Kapitän und Maschinisten in Personalunion (wobei ich mich natürlich hütete, das Fehlen eines Patentes einzugestehen, da sich sonst niemand meinem Kommando unterstellt hätte). Als Steuermann hatte der Direktor der deutschen ISOPHAN-Gesellschaft in Athen angemustert. Zwei Archäologen – einer davon ein international bekannter Forscher – und ein Geologe versahen den Dienst als Matrosen. Außerdem waren noch drei deutsche Kaufleute ohne näher definierten Aufgabenbereich an Bord und ein junger Legationssekretär, der den Steward spielte.

Schon beim Ankerhieven gab es die ersten Komplikationen. Die beiden Buganker hatten sich derart vertörnt, daß ich zunächst einmal drei Stunden damit zu tun hatte, durch Schwojen und allerlei lustige Maschinenmanöver das Ankergeschirr klarzubekommen. Dabei wetzte ich ständig zwischen Brücke und Maschinenraum hin und her, schmierte Lager, bediente (als einziger Seebefahrener!) Ruder, Ankerspill und die Winsch, mit der das Beiboot an Deck gehievt wurde. Nebenbei unterwies ich zwischendurch die Männer meiner Supercrew in der Handhabung der Maschine, zeigte ihnen die Schmier- und Ölstellen, die Kühlung, die Umsteuerung und was sonst so zum Handwerk eines alten Maschinisten gehört.

Im Morgengrauen waren die Anker endlich klar. Es war höchste Zeit zu verschwinden, denn bei Tagesanbruch hätten uns die Hafenbehörden unweigerlich kassiert. Kurz bevor die Sonne aufging, setzten wir die griechische Flagge und rauschten mit Volldampf aus dem Hafenbereich. Draußen legten wir die Klappmasten und fluteten die Tanks. Nun ragte die LINDAU wie ein U-Boot nur eben gerade aus dem Wasser. So schoben wir mit acht Knoten Fahrt gegen den seit Tagen heftig stürmenden Scirocco an und waren ein schlecht auszumachendes Ziel für alle, die uns nicht wohlwollten.

Selbstverständlich war es uns nicht möglich, den normalen Weg durch den Kanal von Korinth zu nehmen; wir mußten außen herum. Da wir für das Umfahren der peloponnesischen Kaps jedoch weder Karten noch nautische Handbücher besaßen, machte ich einen großen Bogen um alles, was nach Land aussah, und umschiffte den Peloponnes weit südlich der Insel Kythira, also etwa auf dem 36. Breitengrad. Nachts motorten wir mit abgeblendeten Lichtern besonders vorsichtig und vermieden vor allem, den Kurs eines anderen Schiffes zu kreuzen. Soweit es mir mit meinen dürftigen Kenntnissen der terrestrischen Navigation möglich war, koppelte ich die abgelaufenen Distanzen und rechnete mir aus, wann der günstigste Zeitpunkt zum Passieren der Straße von Otranto sein könnte. Inzwischen hatten wir uns drei Tage und Nächte in dieser ungemütlichen Ecke des Ionischen Meeres herumgetrieben. Nun wurde es ernst, denn ich konnte mir gut vorstellen, daß sowohl die hier operierenden britischen U-Boote als auch die griechische Marine an diesem merkwürdigen Fahrzeug einiges Interesse haben würden.

Brindisi oder Bari am italienischen Stiefelabsatz konnten wir nicht anlaufen, denn davor lagen die Tommies auf Wache, die mit Deutschland ja seit dem Polenfeldzug Krieg führten. Ich entschloß mich also – nunmehr unter deutscher Flagge –, zunächst dicht an der Küste des seit 1939 von Italien besetzten Staates Albanien entlangzuschleichen. Später konnten wir dann einen der damals noch neutralen jugoslawischen Häfen ansteuern.

Aber jetzt wollte auf einmal meine Mannschaft nicht mehr mitspielen. Es war nicht nur meine seltsame Navigation, die sie mißtrauisch gemacht hatte. Auch die Proviantlage hatte sich drastisch verschlechtert. Besonders kritisch wurde sie, als wir feststellten, daß die nachts vom Schlachter heimlich an Bord geschafften, in Papier verpackten fünf schwarzgeschlachteten Hammel sich als Bündel zusammengeschnürter, nasser Säcke entpuppten. Und, ähnlich wie mit dem Fleisch, hatten die griechischen Lieferanten uns natürlich auch mit allen anderen Waren betrogen. Aber das hatten wir in der allgemeinen Aufregung der Ausreise übersehen. Nun war es zu spät. Es mußte durchgehalten werden, bis wir irgendwo in Jugoslawien anlegen konnten. Aber bringe das mal einer seekranken Landratten-Crew bei, die auf dem schnellsten Weg das Schiff verlassen will.

Zunächst preite ich erst mal südlich der von den Italienern besetzten Insel Korfu einen Fischer an, der vor unserer deutschen Flagge so viel Respekt besaß, daß er längsseit kam. Von ihm erfuhren wir die Neuigkeiten der letzten Tage. Das war für uns überaus wichtig, da unsere Radiostation seit Tagen keinen Ton mehr von sich gab. Wahrscheinlich war infolge falscher Bedienung der komplizierten Elektroanlage irgendein Akku leergeworden. Von diesem Fischer erfuhren wir nicht nur das Neueste vom Kriegsschauplatz, sondern leider auch, daß eine Weiterfahrt durch die Straße von Otranto wegen der zahlreich ausgelegten Minenfelder außerordentlich riskant sei. Sogar die örtliche Küstenschiffahrt hatte in diesem Bereich ihren Verkehr fast völlig eingestellt.

Jetzt war es um die Ruhe meiner Amateurmannschaft vollends geschehen. Der Isophan-Direktor, der allmählich schon ein richtiger Maschinist geworden war und sich – ölverschmiert und in einen alten Overall gekleidet – in seiner Rolle fast wie zu Hause fühlte, streikte zuerst. Er verlangte kategorisch das sofortige Anlaufen eines Hafens, wo er sich von den Schrecken der Seefahrt in Sicherheit bringen konnte. Daß er mit dieser Forderung nicht nur das Schiff, sondern auch seine (und unsere!) Freiheit gefährdete, kümmerte ihn einen Dreck.

Aber er hatte nicht mit der Energie seines Kapitäns gerechnet. Waren wir so weit gekommen, sollte es auch weitergehen. Wir gingen also in einer geschützten Bucht der Insel vor Anker und schickten den Fischer mit der Nachricht in die Inselhauptstadt Korfu, der deutsche Konsul möge sich sofort zu uns bemühen und eine Karte der Minenwege entlang der Küste mitbringen. Ich wußte nicht, ob es klappen würde, aber man konnte es ja versuchen.

Es vergingen etwa acht bis neun Stunden, in denen wir uns alle schlafen gelegt hatten. Das war nach den vorangegangenen Strapazen ja auch dringend nötig. Doch dann – es war inzwischen schon beinahe hell geworden – erschien tatsächlich eine Barkasse mit dem hochbetagten Herrn Konsul. Wir hievten ihn mit feierlichem Zeremoniell an Deck und behandelten ihn sehr ehrerbietig, denn er hatte eine Spezialkarte der Straße von Otranto mitgebracht. Darauf hatte ein Fischersmann eine krakelige Linie unterhalb der Küste eingezeichnet. Das war der Zwangsweg, auf dem die Kleinschiffahrt angeblich ungehindert nach Norden gelangen konnte. Ausprobiert hatte es jedoch, wie er mir zuraunte, noch niemand.

Ich ließ mir vom Konsul für alle Fälle noch eine von mir vorbereitete (und mit Sicherheit rechtsunwirksame) Vollmacht als Schiffsführer gegenzeichnen. Mit dieser bewaffnet, holte ich meine Männer zusammen und eröffnete ihnen in Gegenwart einer Amtsperson, ich sei jetzt offiziell als Kapitän bestätigt, und sie unterständen an Bord ab sofort a) dem See- und b) dem Kriegsrecht. Wer wolle, könne mit der Barkasse und dem Konsul nach Korfu zurückkehren. Die LINDAU aber würde umgehend die griechischen Gewässer verlassen. Und wer an Bord bliebe, unterwerfe sich damit der Kommandogewalt des Kapitäns, der Meckerer künftighin wie Meuterer behandeln würde.

Das war natürlich totaler Blödsinn, denn erstens konnte der Konsul keine Kapitäne bestätigen, und zweitens durfte er außerhalb seiner Büroräume überhaupt keine Amtshandlungen vornehmen. Doch wie hat einmal ein bekannter Politiker gesagt? »In der Größe der Lüge liegt auch ein gewisser Faktor der Glaubwürdigkeit.« – So war es wohl zu verstehen, daß die sieben klugen Männer an Bord auf meinen Trick hereinfielen. Jedenfalls wollte niemand mehr aussteigen; die Wogen der Erregung glätteten sich zusehends; und als der Konsul nach einer Stunde auf seine Barkasse kletterte, um nach Korfu zurückzudampfen, herrschte auf der LINDAU wieder eitel Freude und Zuversicht.

Wir lichteten den Anker und motorten die Linie entlang, die der Fischer für uns in die Karte der Straße von Otranto gezeichnet hatte. Danach liefen wir zunächst den albanischen Hafen Durazzo* an, der sich seit 1939 »fest in italienischer Hand befand«. Da die Italiener mit uns verbündet waren, gab es dort keinerlei Schwierigkeiten, und wir konnten uns auch mit Lebensmitteln und den für die Weiterfahrt durch die Adria notwendigen Seekarten eindecken.

Als nächstes setzten wir dann Kurs auf Ragusa** ab. Dort wollten wir etwas Luft schnappen für das letzte Stück bis Triest. Du darfst nun beileibe nicht glauben, daß das alles so einfach war, wie ich es jetzt erzähle. O Mann, wenn der liebe Gott seinen Daumen nicht dauernd dazwischengehalten hätte, wäre unsere Reise wohl schon in der Ägäis zu Ende gewesen.

In diesen inselreichen Gewässern war für mich die Navigation ein großes Problem. Zur Sicherheit gingen wir nachts meistens vor Anker.

* Durazzo (albanisch DURRËS) = Hafenstadt bei Tirana/Albanien
** Ragusa (jugoslawisch DUBROVNIK) = damals ein neutraler Hafen

Tagsüber hatten wir auf der Back ständig einen Mann als Ausguck postiert, der aufzupassen hatte, ob vielleicht irgendwo ein Felsen dicht unter Wasser auf uns lauerte. Neben dem Rudergänger stand stets ein zweiter Mann, der die Aufgabe hatte, den gesteuerten Kurs zu kontrollieren und den Mann am Ruder zur Ordnung zu rufen, wenn er begann, Schlangenlinien zu fahren. Da ich schließlich für alles an Bord verantwortlich war, konnte ich niemand die Schuld in die Schuhe schieben, wenn etwas schiefgehen sollte. Aber, es klingt wie ein Wunder: Es ging nichts schief.

Da ich nur mit Karte und Log umzugehen verstand, waren meine Gissungen oft vom Zufall bestimmt. Die Deviation des Kompasses kümmerte mich wenig, und die Abdrift peilte ich über den Daumen – von der Stromversetzung ganz zu schweigen. Daß meine Methode (oder wie man das nennen soll) nicht ganz schlecht sein konnte, bewies unser Landfall an der jugoslawischen Küste: Wir erreichten Ragusa genau voraus. Ich muß ehrlich sagen, daß ich stolz auf diese Leistung war.

Ja, und das war es eigentlich, was ich dir erzählen wollte. Nach sechzehntägiger Reise traf die LINDAU wohlbehalten in Triest ein. Dort saßen unsere Freunde, und wir wurden mit großem Jubel empfangen. – Irgendwie mußte sich unsere Ankunft rasch herumgesprochen haben. Das Durcheinander auf der Pier war groß, und die Bewunderung für unsere »tolle seemännische Leistung« wollte kein Ende nehmen. Mir war dabei durchaus nicht wohl, denn es war erheblich mehr Glück im Spiel gewesen als »seemännische Leistung«. Immerhin, wir hatten die 450 Tonnen große LINDAU in sechzehn Tagen unter wechselnder Flagge heil durch drei Meere, zahlreiche Minenfelder und U-Boot-Sperren gebracht. Woraus man mal wieder sieht, was ein Segler alles zuwege bringt, wenn die Not ihn dazu zwingt.

Ach so, was danach aus meiner LINDAU geworden ist, wolltest du noch wissen. – Ja, die läuft jetzt in Charter für unsere Kriegsmarine. Seitdem die Deutschen Griechenland besetzt haben, ist sie wieder in Piräus stationiert. Ich selbst arbeite in Athen als Fischerei-Sachverständiger. Vor kurzem konnte ich den Mariners sogar eine Ersatz-Einspritzpumpe schwarz beschaffen, die im Arsenal nicht vorrätig war. Ich will meinen Dampfer doch nach Kriegsende heil zurückbekommen. Dann fange ich wieder mit dem Fischtransport an. Ein echter Schwabe läßt sich eben nicht unterkriegen!

Gudruns Odyssee

Die Geschichte einer ereignisreichen Yachtüberführung

Erich Pasenow war Eigentümer einer fast hundert Jahre alten Drukkerei in der Oderstadt Stettin. Als seine Firma im Frühjahr 1944 bei einem Fliegerangriff nahezu total zerstört wurde, verlagerte er den Betrieb (oder was davon noch übriggeblieben war) in das kleine, dicht am pommerschen Haff gelegene Städtchen Cammin. Dorthin überführte er auch seine Segelyacht Gudrun V, *die bis dahin den Krieg auf ihrem Liegeplatz im Stettiner Yacht-Club heil überstanden hatte.*

Die Gudrun, *eine hölzerne, vierzehn Meter lange, gaffelgetakelte Spitzgatt-Ketsch, war zu dieser Zeit bereits einunddreißig Jahre alt. Doch ihr Eigner – fast doppelt so alt – hatte sie während der Kriegsjahre liebevoll gepflegt und, so oft es ging, auch gesegelt. So lag sie denn nun, voll ausgerüstet und segelklar, den Sommer über im Hafen des Camminer Segelklubs. – Niemand konnte zu diesem Zeitpunkt ahnen, welche wichtige Rolle sie im Leben ihres Eigners noch spielen würde.*

Erich Pasenow hat von diesem Zeitpunkt an die Ereignisse in einer Art Tagebuch festgehalten. Es gelangte nach seinem Tod in meine Hände. Seine Aufzeichnungen sprechen für sich – ich habe sie wörtlich übernommen. Hier nun das faszinierende Protokoll:

Nachdem ich meine Gudrun nach Cammin versegelt hatte, mußte ich feststellen, daß sie im dortigen Hafen bei niedrigem Wasserstand auf Grund saß. Dadurch gab es für uns kaum Gelegenheit zu einem kleinen Schlag unter Segel. Wegen der im Hafen fehlenden Aufschleppmöglichkeit verholte ich sie vor Einsetzen des Winters in den Schwenzer Bach und vertäute sie dort – unweit der Straßenbrücke nach Dievenow – in der Mitte des Grabens. Dort war sie dann zu Weihnachten fest eingefroren.

Ab Mitte Februar 1945 wartete ich bei dem ständigen Näherrücken der Russen mit immer größer werdender Ungeduld auf das Einsetzen des Tauwetters, denn wir hatten beschlossen, uns so bald wie möglich nach Westen abzusetzen. Endlich, gegen Ende Februar, war es soweit: Das Eis wurde mürbe und brüchig, so daß ich nicht mehr an Bord kommen konnte. Erst am Sonntag, dem 4. März, konnte ich mein Schiff mit dem Beiboot in den Seglerhafen tauen, um die dort an Land eingelagerte Ausrüstung wieder an Bord zu schaffen.

Das geschah am Nachmittag. Nachts folgte unsere persönliche Habe. Der Transport war jedoch keine Kleinigkeit, da wir mit unserem Fahrradanhänger die Panzersperren umfahren mußten, die in allen zum Wasser führenden Straßen ausgehoben waren. Und das dazu noch bei absoluter Finsternis, denn es herrschte natürlich totale Verdunkelung.

Zwischendurch hatten mein Prokurist Mercier und ich verschiedentlich mit der Kreisleitung über die Genehmigung zum Verlassen des Kreisgebietes verhandelt. Aber sie wurde uns versagt. Erst als ich vom Generalkommando, für das mein Betrieb arbeitete, durch Sonderkurier die schriftliche Order erhielt, die letzten fertiggestellten Drucke in Sicherheit zu bringen, hatte ich endlich ein Papier, das ich der Kreisleitung vorlegen konnte. Und nun bekamen wir die von uns so dringend erwünschte Erlaubnis. Einem Absegeln nach Westen lag nichts mehr im Weg.

So rasch wir konnten, brachten wir das restliche Inventar und einen Teil unserer persönlichen Habe an Bord. Dann reihte ich bei Tagesanbruch die schweren, klammen Segel an. Vom wiedereinsetzenden Frost wurden mir die Finger steif. Sodann versuchte ich, den Motor, der die ganzen Kriegsjahre über nicht benutzt werden durfte, zu einem Probelauf zu bewegen. Aber er gab keinen Zündfunken her, und wir sahen ein, daß wir zu unserem Bedauern auf seine Mithilfe verzichten mußten. Dies erschwerte unser Vorhaben natürlich ungemein und trug auch sehr zur Verlängerung der Reise bei – ganz abgesehen davon, daß uns manche schwierige Situation dadurch noch zusätzlich erschwert wurde.

Nach Übernahme des Proviants und Anbordnahme der restlichen Mitsegler waren wir gegen 13.30 Uhr klar zum Auslaufen. Die Crew bestand jetzt aus Mercier und mir, Frau Mercier und zwei befreundeten Damen mit ihren zum Teil noch kleinen Kindern. Ich war an Bord der einzige Segelkundige. Da leichter Westwind genau in die schmale, versandete Einfahrt des Seglerhafens hineinstand, war ein Hinauskreuzen unmöglich. So spannten einige Camminer Segler sich hilfreich vor die Gudrun und gaben ihr an der Hafenmole so viel Fahrt, daß wir vom Bollwerk und den Untiefen klarkamen. Dann kreuzten wir mit einigen kurzen Schlägen über den Camminer Bodden und nördlich der Insel Gristow entlang. Auf der Dievenow hatten wir halben Wind und waren drei Stunden später in Wollin.

Wir hätten für unsere Abreise keinen späteren Zeitpunkt wählen dürfen. In Wollin hörten wir nämlich, daß die Russen eine Stunde nach unserem Auslaufen in Cammin einmarschiert waren. Sie hätten uns eigentlich noch auf dem Bodden kreuzen sehen müssen, wenn sie nicht so stark mit sich selbst beschäftigt gewesen wären. Ihr Gefechtslärm hallte bis zu uns hinüber, als wir in Wollin festmachten.

Gegen 17.00 Uhr passierten wir die Wolliner Eisenbahnbrücke, die sofort auf unser mit dem Nebelhorn gegebenes Signal aufging. Vor der kurz dahinter liegenden Straßenbrücke änderte sich jedoch die Situation. Auf unsere Signale erfolgte nichts, und wir mußten nach einigen gefahrenen Kringeln am Bollwerk festmachen. Der Brückenkommandant, ein Pionieroberleutnant, erklärte mir, daß die Brücke für die ununterbrochen darüber hinziehenden Trecks geschlossen gehalten werden müsse und auch nicht mehr geöffnet werden könne.

Jetzt war guter Rat teuer! Unsere Masten konnten wir mit Bordmitteln nicht legen. Wir saßen also in der Mausefalle. Hinzu kam, daß die Russen Wollin und die Umgebung mit Panzergranaten abstreuten und das Durcheinander auf den von Trecks ohnehin verstopften Straßen noch vermehrten. Es schien, als ob wir unser gutes Schiff hier seinem Schicksal überlassen und, nur mit dem Allernotwendigsten versehen, zu Fuß weiter nach Swinemünde ziehen müßten. Da es aber langsam dunkel wurde, wollten wir erst einmal eine Nacht abwarten.

Nach kurzer, oft unterbrochener Ruhepause versuchte ich bei Tagesanbruch noch einmal mein Glück beim Brückenkommandanten. Gottlob war der alte abgelöst. Der neue ließ die Brücke sofort öffnen und gab mir sogar ein paar Mann mit einer Barkasse zum Durchschleppen. So hatten wir in aller Kürze dieses Hindernis überwunden. Um Haaresbreite hätte es unser ganzes Unternehmen vorzeitig beendet. Als Gegenleistung mußte ich mich verpflichten, so viele Flüchtlinge wie irgend möglich nebst Gepäck mitzunehmen. Dazu war ich natürlich gern bereit.

Wir waren gerade mit dem Anbordnehmen und Verstauen dieser zusätzlichen Ladung beschäftigt, als die Russen wieder mit Artilleriebeschuß begannen. Nach mehreren Lagen ging dicht am Hafen ein Munitionsdepot in die Luft, dessen Brocken auch in unsere Gegend flogen. Mehrere kleine Marinefahrzeuge, bei denen wir dicht hinter der Brücke festgemacht hatten, warfen sofort los und dachten in der Eile gar nicht mehr an ihr vorher gegebenes Versprechen, uns ein kleines Stück durch das enge Fahrwasser mitzuschleppen. Im Gegenteil – einer boxte uns ans Vorschiff, und ein zweiter verpaßte uns achtern einen kräftigen Stoß. Aber Äolus half uns mal wieder aus der Patsche. Der Wind frischte auf. Wir setzten Segel und konnten uns mit eigenen Mitteln aus dieser ungemütlichen Lage befreien. Außer einer geborstenen Relingsstütze war kein weiterer Schaden entstanden.

Bald hatten wir das beschossene Gebiet hinter uns gelassen. Über das Haff erreichten wir gegen Mittag die Paulsdorfer Bucht. Dort hatte der Westwind alle Eisschollen zusammengetrieben. Das hielt zwar den Seegang nieder, hemmte aber unsere Fahrt doch ganz erheblich. Gaulitz, Sager, Paulsdorf und manch andere kleine Ortschaft brannten lichterloh und boten einen schaurigen Anblick. Als wir frei vom Landschutz kamen, nahmen Seegang und Brise zu, und unsere Passagiere in der Kajüte opferten um die Wette. Die Winter-Betonnung der Schaar-Rinne war in dem Eisgang nicht zu erkennen, und nur die Paulsdorfer Baken achteraus gaben einen ungefähren Anhalt, wo sie zu vermuten war. Als wir die nur knapp achtzig Meter schmale Rinne endlich voraus ausmachten, mußten wir sie Schlag auf Schlag gegen See, Wind und Eisdrift aufkreuzen. Da ich der einzige Segler an Bord war, blieb es meine Aufgabe, bei jedem Überstaggehen über den Kajütaufbau zu klettern, um die Klüverschot überzunehmen – ein sportliches Unterfangen, bei dem ich jedesmal bis zu den Knien im Eiswasser stand. Außerdem war die Kletterei lebensgefährlich, denn das Deck war mit dem Gepäck der Passagiere vollgestopft. Aber es ging alles gut, bis wir uns an das Hauptfahrwasser des Haffs herangekreuzt hatten. Dort kam mit hoher Fahrt eine KFK-Formation* auf uns zu, die wir, weil ihre Flaggen schlecht auszumachen waren, für Russen hielten. Unser Entsetzen war groß. Aber es waren dann eben doch Fahrzeuge der Kriegsmarine, die von uns wissen wollten, was in Wollin anläge. Nachdem ich es ihnen erklärt hatte, verzichteten sie auf weitere Aufklärungsversuche und liefen zurück nach Swinemünde.

Bei weiter zunehmenden und allmählich auf Nord drehenden Winden liefen wir mit dichten Schoten auf die Kaiserfahrt zu – eine Rinne, die das Haff mit der Ostsee verbindet. Da wir diesen beiderseits mit hohen Bäumen bestandenen Schlauch aufkreuzen mußten, waren wir erst gegen 18.00 Uhr beim Kreuzhorster Kanalwärterposten. Dort machten wir für die Nacht fest. Unsere aus Wollin mitgebrachten Passagiere waren froh, endlich wieder festes Land unter die Füße zu bekommen. Sie verließen uns mit ihren Fahrrädern, Säcken und Koffern rasch in Richtung Swinemünde und ließen sich auch nicht durch die inzwischen hereingebrochene Dunkelheit von dieser Absicht abbringen. Wir anderen wurden vom Kanalwärter und seiner Frau rührend versorgt. Unsere Frauen konnten im geheizten Zimmer in richtigen Betten logieren und sich zum ersten Mal seit 36 Stunden aufwärmen. Diese netten Leute trafen wir Wochen später in Barhöft** wieder. Dorthin hatten sie sich mit ihrem kleinen offenen Dienstboot abgesetzt. Über Nacht gab es mehrfach Fliegeralarm und Abwehrfeuer vom gegenüberliegenden Flakkreuzer.

Am nächsten Tag, dem 7. März, gegen 10.00 Uhr, gingen wir nach

* KFK = Kriegsmarine-Fischkutter, eine Art Vorpostenboot
** Barhöft = kleiner Hafen nördlich von Stralsund auf der Halbinsel Zingst

gründlicher Entfernung aller Spuren der vortägigen Passagierfahrt unter Segel und liefen bei häufigen Schneeböen und frischem Nord zurück durch die Kaiserfahrt und über das Kleine Haff westwärts. Die Tonnen Woitzig, Repziner Haken und des Sperrgebietes vor Ückermünde waren in dem dichten Schneegestöber schwer auszumachen. Aber kurz vor Einbruch der Dunkelheit lagen wir in dem kleinen Bootshafen vor der Karniner Eisenbahnbrücke fest vertäut.

Tags darauf durchsegelten wir die Brücke bei der ersten sich bietenden Gelegenheit, denn vor derartigen Hindernissen hatten wir seit unserem Wolliner Erlebnis einen mächtigen Respekt bekommen. Vor der Einfahrt zum Anklamer Richtgraben gingen wir vor Anker, um passenden Wind für das Durchsegeln der Zecheriner Brücke abzuwarten. Aber erst nach zwei Tagen hatten wir damit Glück und konnten weiterschippern. Die enge Moderortrinne konnten wir noch glatt anliegen. Aber dann mußte der Peenestrom wieder Schlag für Schlag aufgekreuzt werden. Da der Wind abgeflaut hatte, schafften wir bis zum Dunkelwerden nur das kurze Stück bis zum Gnitz, wo wir unterhalb des Weißen Berges den Anker fallen ließen.

Am 10. März erreichten wir dann endlich Wolgast. Da der Hafen überfüllt war, fanden wir nur mit Mühe einen Liegeplatz am nördlichen Bollwerk außerhalb des Hafenbeckens inmitten einer größeren Schar hinterpommerscher Fischer. Alle wollten hier erst einmal abwarten, wie die allgemeine Kriegslage sich entwickelte. Aber eines Tages hieß es plötzlich, das Bollwerk sei sofort freizumachen, da in Kürze mehrere Dampfer aus Stettin ankämen. Sie hätten Flüchtlinge an Bord, die sie nur an dieser Stelle an Land setzen könnten.

Die am Bollwerk liegenden Kutter warfen übereifrig ihre Leinen los, und das ganze Rudel – etwa zwanzig bis 25 Fahrzeuge – trieb im Strom, bis die Fischer allmählich ihre Maschinen in Gang bekamen und das Knäuel sich auflöste. Ein ganz neuer, großer Kutter mit besonders starkem Motor nahm unseren Tampen wahr und setzte sich – die GUDRUN im Schlepp – an die Spitze des Feldes. Niemand von den ortsfremden Fischern kannte indes das Fahrwasser, und auch eine Seekarte vom Peenestrom schien nicht vorhanden zu sein. So lotste ich das ganze Geschwader an Hand unserer Karte bis zum Freesendorfer Haken. Das geschah durch heftiges Gebrüll und lebhafte Gesten vom Ruder der GUDRUN aus.

Nachdem ich unseren Schlepper mit Hilfe dieser ungewöhnlichen Navigationsart sicher aus der Peene dirigiert hatte, setzten wir auf dem

Hafen Wolgast

Greifswalder Bodden bei leichtem Südost Segel und machten uns wieder selbständig. Abends warfen wir in der Dänischen Wiek Anker, da die Molenfeuer von Wieck nicht brannten. Erst bei Tagesanbruch konnten wir dann endlich in den überfüllten Hafen Wieck einlaufen und uns mit Mühe einen Platz suchen.

Hier hatte ich an einem der nächsten Tage die große Freude, meinen langjährigen Freund und Mitsegler Walter Stüber begrüßen zu können. Er war mit der ganzen Verwandtschaft auf dem Schlepper WOLFRAM aus Stettin geflüchtet und hatte hier seinen kranken Vater ins nahebei gelegene Greifswalder Krankenhaus gebracht.

Wir lagen mehrere Tage in Wieck, um dann über Stralsund nach Barhöft am Ostzipfel der Halbinsel Zingst zu segeln.

Da der kleine Hafen voller Baggerfahrzeuge lag, verholten wir uns an einen etwas außerhalb liegenden Spülbagger, bei dem schon ein Materialschiff der Reederei FRITZEN festgemacht hatte. Dieses Schiff bewohnte der Bootsmann Berndt unseres Klubkameraden Fritzen. Da es in Barhöft unmöglich war, irgendwelche Lebensmittel zu erstehen, segelte Berndt mehrmals in der Woche mit einer Jolle die acht Meilen nach Stralsund zum Einkaufen. Ihm schlossen sich unsere Damen gern an, denn auf die Bahnverbindung war kein Verlaß.

Als unser Verpflegungsboot eines Morgens, es war am 17. April, zu einem solchen Ausflug gestartet war, legte ein größeres Motorboot in unserer Nähe an. Dem entstiegen eine Anzahl SS-Offiziere und etwa zwanzig Marinefähnriche, die alle schwer bewaffnet waren. Wie wir zurückgebliebenen Männer bald merken sollten, diente dieser martialische Stoßtrupp dazu, das gegenüberliegende, zum großen Teil mit wildem Gestrüpp bewachsene, frisch aufgespülte Gelände (genannt »Der Bock«), nach Deserteuren abzusuchen. Mercier und ich wurden nun ihre ersten Opfer – blieben allerdings auch die einzigen.

Obgleich unsere Papiere, Pässe und sonstigen Ausweise völlig in Ordnung waren und wir auch unsere Uk-Stellungen* sowie die Befreiungsausweise von der Volkssturm-Dienstpflicht vorzeigen konnten, wurden wir beide unter dem Verdacht der Volkssturm-Fahnenflucht festgenommen. Den Befehl dazu gab der SS-General Fiedler persönlich, der die Patrouille selbst führte und uns androhen ließ, wir würden sofort vor ein Standgericht gestellt. – In unserer Bordkluft mußten wir, von zwei Fähnrichen bewacht, dem Heldengreifkommando bei seiner etwa vierstündigen Aktion folgen. Danach

* Uk = in der Heimat unabkömmlich, deshalb vom Wehrdienst befristet freigestellt

wurden wir mit nach Stralsund verfrachtet, dort in der SS-Kaserne abgeliefert, mit einem Gewalttäter in eine Zelle gesperrt und genauso wie er behandelt.

Leider hatten wir keinerlei Möglichkeiten mehr gehabt, eine Nachricht für unsere Verpflegungsgruppe zu hinterlassen. Ahnungslos fand diese bei ihrer Rückkehr am Nachmittag das verwaiste Schiff vor und erfuhr erst am nächsten Tag auf Umwegen von unserem fatalen Schicksal. Wir selbst wurden an diesem Tag von mehreren SS-Häuptlingen stundenlang verhört. Der General eröffnete uns sodann: Erschossen würden wir sowieso, wenn nicht von der SS, dann von den Russen. Er habe unsere Akte an das Standgericht abgegeben.– Es dauerte zwei weitere Tage, die wir wie Verbrecher in der SS-Kaserne verbringen mußten, bis man uns mitteilte, das Standgericht habe sich als für uns nicht zuständig erklärt, da wir als Volkssturmmänner vor ein Kriegsgericht gehörten. Deshalb sollten wir demnächst nach Rostock gebracht werden.

Inzwischen hatte man mein Schiff beschlagnahmt, nach Barhöft eingeschleppt und von den Frauen verlangt, daß sie sofort von Bord verschwänden. In ihrer Not hatten sie sich mit einem Bekannten bei der OT* in Verbindung gesetzt, der ihnen dringend riet, auf keinen Fall von Bord zu gehen. Diesen Rat befolgten sie zum Glück auch hartnäckig und verteidigten ihr Wohnrecht erfolgreich und mit Nachdruck.

Von alledem ahnten wir in unserer Zelle natürlich nichts. Nach einigen Tagen wurden wir von zwei schwerbewaffneten SS-Typen als »besonders gefährliche Volksschädlinge« nach Rostock transportiert und dort mit unserer Akte in der Militär-Arrestanstalt abgeliefert. Diese Anstalt war bereits mit Delinquenten unseres Schlages überfüllt. Der Kommandant, ein sehr vernünftiger älterer Oberfeldwebel aus Königsberg, bestellte mir sogleich einen Anwalt und behandelte uns sehr anständig. Seine Frau wusch uns sogar unsere allmählich reichlich verschmutzte Leibwäsche. Ohne ein weiteres Verhör entschied das Kriegsgericht dann auf Grund der Protokolle und unserer beigefügten Ausweise, daß keine strafbare Handlung unsererseits vorläge und wir daher wieder freizulassen wären. Die Freilassung sei aber durch die Dienststelle durchzuführen, die uns festgenommen habe.

* OT = Organisation TODT, diente im Krieg zur Abwicklung von Transport- und Verkehrsaufgaben

Zu diesem Zweck ging es also wieder zurück nach Stralsund – diesmal aber nur in Begleitung eines Fähnrichs, der uns mit unserer Akte und mündlicher Wiederholung des Gerichtsentscheides nach zwei Tagen in der SS-Kaserne ablieferte. Hier wurden wir fast wie alte Freunde empfangen und reichlich und gut verpflegt. Noch zwei weitere Tage konnten wir im Kasernengelände spazierengehen, bis endlich am 29. April unsere Entlassung erfolgte. Bei unserer Ankunft in Barhöft trafen wir am Bollwerk gerade die sich zum Einkauf in Stralsund rüstenden Frauen. Ihre Freude war begreiflicherweise groß, uns unversehrt und unbestraft wiederzusehen.

Mein Bedarf an dieser SS-Wirtschaft war nun gedeckt und mein Drang nach der freien See verständlich. Am 30. April setzten wir Segel und verließen Barhöft, obgleich mir der Oberlotse erklärte, daß die Beschlagnahme des Bootes noch nicht aufgehoben sei und er die Yacht deshalb nicht aus dem Hafen lassen dürfe. Bei dem ständig zunehmenden Durcheinander setzte ich mich aber darüber hinweg und paßte einen günstigen Augenblick ab, an dem er gerade mal abwesend war.

Wir durchliefen den Gellenstrom, segelten an der Insel Hiddensee entlang, gingen um Dornbusch herum und ankerten in der »Libben« genannten Einfahrt zum Jasmunder Bodden. Hier fanden wir neben mehreren Stettiner Schleppern und Baggerfahrzeugen auch den 150-qm-Seefahrtskreuzer Aegier X unseres Klubkameraden Czarnikow vor. Er segelte unter Rotkreuzflagge, da sich ein Stabsarzt der Luftwaffe an Bord befand.

Nachdem wir am 1. Mai unsere »Befreiung« mit einer kleinen Maibowle begossen hatten, sah ich am Morgen des 2. Mai Kapitän Hartungs Ketsch Rasmus am Horizont mit Westkurs vorbeiziehen. Aegir ging nun gleichfalls unter Segel und verschwand mit Kurs Nord. Da sich der Gefechtslärm näherte und mehrere Brände in südlicher Richtung sichtbar wurden, hielt ich es für angebracht, ebenfalls ankerauf zu gehen und die rügenschen Gewässer zu verlassen. – So liefen wir also bei leichtem Südost um Dornbusch herum und hatten gegen Mittag den Darß querab. Eigentlich wollte ich jetzt nach Warnemünde weitersegeln. Aber als wir den Hafen am Spätnachmittag in Sicht bekamen, hörten wir auch von dort schon Detonationen und sahen hohe Rauchwolken. Deshalb drehten wir bei Einbruch der Dunkelheit auf den dänischen Hafen Gedser ab.

Bei guter Sicht peilten wir bald Gedser-Feuer voraus. Aber um 24.00

Uhr erlosch es; wahrscheinlich gab es an Land Fliegeralarm, den uns hier auf See ja niemand anzeigte. Flugzeuge brausten unaufhörlich über uns hinweg; viele Schiffe passierten uns auf Ostwestkurs, alle natürlich ebenso abgedunkelt wie wir. Das Steuern nach dem dunklen Kompaß war nicht ganz einfach, aber die dänische Küste mußte dicht voraus liegen. Deshalb drehte ich bei, um den Anbruch des Tages abzuwarten.

Zu dieser Zeit war der Südost gänzlich eingeschlafen. Wir dümpelten steuerlos in der trägen Dünung. Erst gegen 08.00 Uhr kam eine leichte Brise auf, und wir hatten wieder Ruder im Schiff. Gegen 11.00 Uhr kam Gedser Odde klar in Sicht, doch zugleich ging auch der Südost schlafen. Dafür setzte rasch auffrischender Nordnordwest ein, der uns zwang, die Rødsandrinne mit kurzen Schlägen aufzukreuzen. Inzwischen war es 15.00 Uhr geworden, und es gab auch hier zur Begrüßung erst einmal Fliegeralarm.

Wir warteten die Entwarnung außerhalb des Hafens ab und segelten erst danach in den Hafen von Gedser ein. Dort gingen wir an die östliche Mole und machten neben einem Memeler Dienstboot fest. Zunächst kümmerte sich niemand um uns, und wir konnten unbehelligt an Land und in den Ort gehen. Dort bewunderten wir in den Schaufenstern lang entbehrte Delikatessen, die wir aber leider nicht kaufen konnten, weil wir keine dänischen Kronen besaßen. Unser

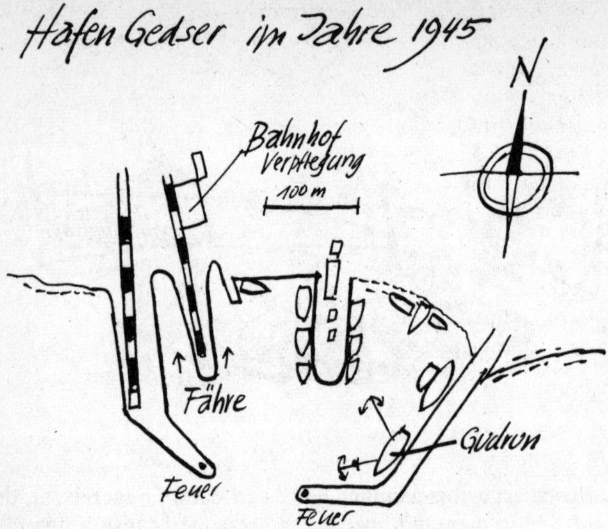

deutsches Geld nahm man nicht mehr in Zahlung. Hungern mußten wir trotzdem nicht, denn wir konnten uns die notwendigste Verpflegung aus der im Bahnhof eingerichteten Verpflegungsstelle für Flüchtlinge abholen. Dort gab es für jeden ein paar Teller Suppe, und das blieb auch nach der Kapitulation so. Alles andere aber sollte sich grundlegend ändern, als am 9. Mai der Krieg plötzlich zu Ende war.

Jetzt hatten junge, halbuniformierte Freiheitskämpfer das Kommando übernommen. Alle zwanzig Schritte stand einer von ihnen, einen deutschen Karabiner umgehängt, im Hafen herum und schoß damit bei jeder sich bietenden Gelegenheit. Es war lebensgefährlich geworden, sich überhaupt an Land zu begeben. Man teilte uns mit, wir seien jetzt »internierte Flüchtlinge«, denen aus Mangel an Wohnraum vorläufig gestattet sei, auf ihrem Schiff weiter zu wohnen. Es war uns allerdings bei Strafe verboten, das Schiff zu verlassen. Nur zum Verpflegungfassen durften wir am Hafen entlang bis zum Bahnhof gehen.

Besondere Probleme brachte die Versorgung mit Trinkwasser mit sich: Um vom Bahnhof Wasser zu holen, benötigten wir eine spezielle und nur ausnahmsweise erteilte Sondererlaubnis, die uns berechtigte, mit einem geliehenen Beiboot unsere Kanister quer über das Hafenbecken zu rudern. Dabei wurden wir verschiedentlich von den schießwütigen Freiheitskämpfern unter Feuer genommen, zum Glück aber immer ohne Treffer.

Polizei und diverse Schnüffelkommissionen besuchten uns fast täglich und führten alle möglichen (und unmöglichen!) Kontrollen durch: nach Waffen, Geld, Ferngläsern, Fotoapparaten und dergleichen. Unsere Personalien wurden dabei wohl mindestens zehnmal aufgenommen. Als Verlust mußten wir schließlich ein Fernglas und meine Reiseschreibmaschine abbuchen. Alles andere hatten wir so gut versteckt, daß es trotz mehrfacher Durchsuchung unseres Schiffes nicht gefunden wurde. Schließlich erhielten wir, wie alle dort anwesenden Flüchtlinge, die »D.P. index card«*.

Am 15. Juni lief in Gedser das erste britische Kriegsschiff ein – ein kleiner Zerstörer –, von dem eine Offiziersabordnung bei uns und bei allen anderen Schiffen an Bord kam. Nach Vorlage der Papiere erklärte sie die GUDRUN zur britischen Prise. Ich erhob hiergegen Protest, da die Yacht, wie aus diversen Standerscheinen und Flaggenzertifikaten hervorging, seit langen Jahren in meinem Privatbesitz und auch nie für Kriegsdienste durch die Marine oder Luftwaffe benutzt worden war. Aber mein Protestgeschrei war vergeblich: Die Prisenerklärung wurde handschriftlich im Standerschein des Stettiner Yacht-Clubs vermerkt, den ich anschließend wieder ausgehändigt erhielt. Auf meine Frage, wann wir nun wieder in die Heimat zurücksegeln könnten, nachdem der Krieg ja jetzt beendet sei, erhielt ich nur ein Achselzucken als Antwort. Doch hatten wir als »privates Prisenschiff« wenigstens den Vorteil, daß zunächst von einer Ablieferung abgesehen wurde. Alle Dienstfahrzeuge hingegen wurden nacheinander zur Ablieferung nach Kopenhagen gebracht.

So leerte sich allmählich der Hafen, der ja in normalen Zeiten nur für die Warnemünde-Gedser-Fähre und die zahlreichen Viehtransporte benutzt wurde und für kleinere Boote keine nennenswerten Liegeplätze besaß. Gedser war von seiner damaligen Anlage her auch gar nicht als Dauerliegehafen für kleinere Schiffe geeignet, sondern wurde höchstens als Notasyl angelaufen. Die breite Einfahrt war nach

* D.P. = displaced person, »D.P. index card« mithin eine Art Flüchtlingsausweis für verschleppte Personen

Südwesten offen und somit bei den vorherrschenden Winden häufig starkem Seegang ausgesetzt. Wir hatten deshalb unsere zwei Anker seitlich ausgebracht und die andere Schiffsseite mit dicken, neuen Trossen an der Ostmole vertäut. Sobald aber Wind aus Südwesten aufkam, hielten unsere Anker, mit denen wir uns abends von der Ostmole freiholten, nicht mehr, und die GUDRUN verschliß nach kurzer Zeit ihren ganzen, nicht unbeträchtlichen Vorrat an Fendern, Schamfielings und Festmachern.

Es bestand für mich kein Zweifel, daß wir in diesem Hafen die zu erwartenden Herbststürme nicht überstehen könnten. Zudem lief die Parole um, daß alle Flüchtlinge demnächst in einem größeren Lager zusammengezogen werden sollten und daß man mir mein Schiff dann abnehmen würde. Ich hatte deshalb im August bei der British Commission in Kopenhagen beantragt, in einen anderen, geeigneten, deutschen oder dänischen Hafen verholen zu dürfen. Dies wurde mit der Begründung abgelehnt, daß zuvor das von Feldmarschall Montgomery erlassene Zivilreiseverbot aufgehoben sein müsse. Damit könne aber in Kürze gerechnet werden; es würde in allen Zeitungen veröffentlicht.

Wir warteten einige Wochen vergeblich darauf, wie auch auf eine Antwort auf ein zweites von mir eingereichtes Gesuch. Der dänische Hafenmeister, der lange Jahre als Steuermann auf der Fähre nach Warnemünde gefahren war, riet mir dann, doch einfach abzusegeln. Wir seien keine Soldaten und somit auch keine Kriegsgefangenen. Seiner Meinung nach würde sich niemand um unser Verschwinden kümmern. Das sei jedenfalls seine private Meinung – amtlich dürfe er sich dazu nicht äußern. Da inzwischen auch die Verpflegung äußerst kümmerlich geworden war, hielt uns nichts mehr an Dänemarks Gestaden.

Am 11. September setzten wir gegen Mitternacht still und heimlich unsere Segel, holten die beiden Anker auf, die uns so viel Ärger bereitet hatten –, und schlichen uns bei leichtem Ostwind aus dem Hafen.

Das kleine dänische Vorpostenboot, ein ehemaliger KFK, das tagsüber vor uns an der Mole lag, hatte einige Stunden zuvor Gedser verlassen und war zu seiner nächtlichen Kontrollfahrt in Richtung Nykøbing gedampft. Die Blitze des Gedser-Feuerturms beleuchteten in der finsteren Nacht unsere Segel. Doch die ständig am Hafen patrouillierenden Freiheitskämpfer schienen uns übersehen zu haben,

denn die Schüsse, mit denen wir fest gerechnet hatten, blieben aus.

Da wir die Rødsand-Rinne gut anliegen konnten, hatten wir bald die Untiefe passiert. Mehrere Schiffe, die uns begegneten, nahmen keine Notiz von uns und taten dies auch bei Tage nicht, da wir auf Anraten deutscher Mariner die Signalflagge »Q« als Nationale gesetzt hatten. Dies bedeutete, daß wir als deutsches Schiff mit alliierter Erlaubnis unterwegs waren. Der Rat schien mir vortrefflich, jedenfalls so lange, wie niemand auf die Idee kam, sich unsere Schiffspapiere zeigen zu lassen. Wir hielten uns an die von unseren Ratgebern in unsere Karten eingezeichneten minenfreien Wege und bekamen bei Tagesanbruch die Insel Fehmarn in Sicht. Da die Camminer Damen mit ihren Kindern in Gedser geblieben waren, segelten wir auf diesem letzten Seetörn unsere alte Gudrun nur noch mit drei Männern.

Gegen 18.00 Uhr passierten wir Kiel-Feuerschiff. Querab von Laboe kam uns ein britisches Wachboot entgegen. Der Dolmetscher verkündete uns, daß unser Steckbrief schon morgens von der dänischen Kriegsmarine an alle Häfen der Ostsee gefunkt worden sei. Danach wären wir als »dänische Prise« aus Gedser ausgerückt und demzufolge jetzt »Kriegsgefangene«. Wir müßten an die Sperre Friedrichsort kommen und dort festmachen.

Wir kamen dieser Order sogleich nach. Ich bestritt jedoch energisch, eine dänische Prise zu sein, was ich ja auch durch meinen britischen Prisenvermerk eindeutig belegen konnte. – Man nahm uns unsere Pässe ab und verbot uns jeglichen Verkehr mit dem Land. Drei Wochen hielt man uns an der Sperre fest. Mehrmals wurden alle drei Mann mit dem Schnellboot nach Kiel zum Verhör gebracht, wo uns beim Secret Service ein gut deutsch sprechender Major zu Protokoll vernahm. Wir erfuhren bei dieser Gelegenheit, daß wir uns in doppelter Hinsicht strafbar gemacht hatten: einmal durch die unerlaubte Abreise aus Gedser, zum anderen durch das eigenmächtige Führen der nur für besondere Fälle vorgesehenen Flagge »Q«. Aber damit sagte er uns nichts Neues.

Ich bemerkte zunächst einmal, daß ich als Schiffsführer an Bord die Gesamtverantwortung trüge und die beiden anderen Männer lediglich Passagiere seien. Dann erläuterte ich ihnen meine Gründe für das Verlassen von Gedser und wies darauf hin, daß mir deswegen wohl kaum der Vorwurf einer strafbaren Handlung gemacht werden könne. Schließlich mußte ich als Skipper für die Sicherheit von Schiff und Besatzung sorgen, was mir in Gedser jedoch nicht mehr möglich gewesen sei. Im übrigen habe das Schiff ja nie den Befehlsbereich der alliierten Besatzungsmächte verlassen. Wozu also die ganze Aufregung?

Der Major blieb indes unbeirrbar dabei, ich hätte mich strafbar gemacht und er müsse seiner vorgesetzten Dienststelle darüber Bericht erstatten. Wir würden deren Entscheidung zu gegebener Zeit erfahren. – Drei Wochen dauerte das. Dann erhielten wir durch den Dolmetscher die Order, die GUDRUN nach Möltenort – einem Kieler Vorort am Ostufer der Förde – zu verholen.

Hier war der kleine Hafen gerammelt voll mit Fischern und anderen Fahrzeugen. Auf einem trafen wir einen ehemaligen Bootsmann aus Stralsund wieder, der uns mit tatkräftiger Hilfe unterstützte, uns einen guten Liegeplatz verschaffte und mir später beim Abtakeln und Mastlegen half. Meine Mitsegler fuhren nach Flensburg zu dort ansässigen Verwandten; ich selbst wohnte alleine noch bis Ende November auf meiner GUDRUN. Dann wurde es mir dort zu ungemütlich, und ich brachte sie auf der kleinen Werft von Wilcke in Dietrichsdorf ins Winterlager. Danach hauste ich in einem möblierten Zimmer, dessen Beschaffung auch ein Problem für sich gewesen war.

So hatte ich neun Monate ohne nennenswerte Unterbrechung auf meinem Schiff gelebt. Während meiner langen Seglerjahre hatte ich mir immer mal eine ausgedehnte Tour gewünscht, aber stets waren derartige Pläne aus Zeitmangel undurchführbar geblieben. Nun sollte meine letzte Fahrt auf dem guten Schiff, das mir und meinen Mitseglern in besseren Zeiten so viel Freude bereitet hatte, doch noch meinen Wunsch erfüllen. Die äußeren Umstände hätte ich mir allerdings anders und erfreulicher gewünscht.

Nachwort

Vier Segler erzählten die Story ihres Lebens. – Vier Menschen, vier Charaktere, vier Schicksale. – Die Frage liegt nahe, was aus ihnen und ihren Schiffen geworden ist. Ich will versuchen, sie zu beantworten.

Ulrich Deutschländer schuf sich nach dem Krieg eine neue Existenz an der Ostsee und lebt heute, hochbetagt, auf seinem Altersruhesitz im Schwarzwald. Seine ARKTUR II ging während der Kriegswirren irgendwo im Osten verloren.

Heinz Kutscha (von Freunden »Hajo« genannt) hat nach seiner Südafrikafahrt auch die nachfolgenden Kriegsjahre heil überstanden. Er wirkte danach als Verkaufsleiter in Kiel. Dort führt er jetzt ein geruhsames Leben als Pensionär. Seine herrliche eichene Neun-Meter-Slup UARDA III ist in allen Häfen zwischen Oslo und Kiel wohlbekannt. Wo die KYLOË abgeblieben ist? Sie wurde später an ihren französischen Eigner zurückgegeben.

Kurt Boxberger, den Fischzüchter vom Bodensee, habe ich seit unserer Begegnung in Brindisi nicht wieder gesehen. Ich wünsche ihm, daß er seine Haut retten konnte und ihm mit seiner LINDAU ein neuer Start gelang. Möge er daneben genügend Zeit für viele erfolgreiche Bodenseeregatten gefunden haben.

Erich Pasenow hat die beschwerliche Flucht mit seiner Gaffelketsch GUDRUN V noch anderthalb Jahrzente überlebt. Er starb 1959 im Alter von 73 Jahren in Hamburg. Seine GUDRUN wurde bald nach Kriegsende an einen Hamburger Kaufmann verkauft, der damit Algen fischen wollte (als Grundstoff für Brotaufstrich vielleicht, der damals knapp war). Später wurde sie in Palma de Mallorca unter anderem Namen gesehen, als sie gerade für eine Reise nach Brasilien ausgerüstet wurde. Ob die betagte Dame die weite Reise gut überstanden hat, ist unbekannt.

Nasse Grenze

Begebenheiten vor der deutschen Haustür

Tief ist der Riß, mit dem die Zonengrenze beide Teile Deutschlands in zwei Lager spaltet. An Land ist es ein scharf bewachter Drahtverhau; auf See aber verschwimmen die Grenzen, denn das Wasser wehrt sich gegen solche willkürlichen Einengungen.

Doch auch hier hat staatliche Bürokratie das Wunder zustande gebracht, eine Grenze zu errichten, indem ein spitzer Bleistift quer über die Seekarte hinweg von der Lübecker Bucht bis weit nach Osten einen Strich zog und irgendein Bürokrat sagte: »Was dahinter liegt, gehört uns!« Natürlich fanden sich jetzt auch Juristen, die der gesetzmäßigen Seite dieser Grenzziehung einen soliden völkerrechtlichen Unterbau verliehen. Leuchttonnen mit Radarreflektoren und unbefeuerte Bakentonnen wurden als Grenzmarkierungen ausgelegt, Richtbaken an Land aufgestellt, um den Grenzverlauf unmittelbar vor der Travemünder Haustür zu markieren.

Doch was passiert weit draußen auf See? Niemand konnte bisher das Problem lösen, wie die Fischer in Regenflagen, Schneeschauern, Gewitterböen oder gar dickem Nebel erkennen können, ob sie sich diesseits oder jenseits jener Sperrzone befinden, die als unsichtbare Linie ihre Fischgründe in zwei Hälften teilt.

Fischer, Segler und Motorbootsportler müssen nach wie vor aufpassen und dürfen diese Grenzen nicht überschreiten. Seit Jahrzehnten hat sich nichts an ihr geändert als die Farbe der ausgelegten Tonnen.

Die folgenden vier Berichte befassen sich mit Vorgängen an dieser Grenze.

Ins »Ausland« verschlagen

Travemünder Woche mit Tücken

5. Juli 1949 – Sonntagsregatta der Travemünder Woche mit Massenstarts der Jollenklassen, blauem Himmel, Ostwind und viel guter Laune. Aber etwas fehlt, etwas, das die Segler unruhig um sich schauen läßt. Was mag es sein?

Aha – zu einer richtigen Regattareihe gehört eine anständige Gewitterbö und viel, viel Regen. In unseren Breiten ist das im Sommer so üblich. Die Segler und die Wettfahrtleitungen wissen es und rechnen damit. Die Begleitschiffe, die Aufsichtsfahrzeuge der

Wasserschutzpolizei und was sonst so im Troß einer gutorganisierten Regatta daherschwimmt, hat sich, durch mancherlei Erfahrungen gewitzt, darauf eingerichtet. Jeder See- oder Küstenregatta gehen lange Telefonate mit den Wetterfröschen voraus. In der Wettfahrtleitung sitzt möglichst sogar ein Meteorologe; Schwimmwesten sind angelegt und bewegliche Teile, die wegschwimmen könnten, beigezeist. Man tut sozusagen alles, was »in menschlichen Kräften steht«.

Und doch . . .

Und doch ist es jedesmal wieder der prickelnde Reiz des Spiels mit dem Feuer, wenn sich an der Kimm die pflaumenblauen Regenwolken mit ihren weißgezackten Rändern zusammenballen, wenn von fern der erste Donnerschlag grummelt und, als Vorläufer der kommenden Bö, kleine zarte Katzenpfötchen über das blaue Wasser der Bucht tanzen. Hein, Klaus und Fietje peilen dann zum Horizont und werden leicht nervös. Und sie fragen sich besorgt, »ob da Wind drinsitzt«. Die alten Praktiker können das meistens aus der Wolkenbildung lesen: Wenn sich vor den dunklen Gewitterwolken so ein walzen- oder amboßförmiger Böenkragen herschiebt, sitzt gewöhnlich »etwas drin«. Aber es ist ein Unterschied, ob die Bö von achtern einfällt oder ob sie der Jolle in einer plötzlichen Schwenkung vierkant zwischen die Zähne spuckt. Das muß man berechnen können, denn die richtige Wahl der Schläge in einem Gewitter entscheidet oft das Rennen.

Hein und Fietje müssen also vor dem Einfallen der Bö wissen, wie stark sie wird, woher sie kommt, wohin sie dreht und wie lange sie dauert. Das hört sich leichter an, als es ist. Aber es gibt da so allerhand fromme Sprüche und Kniffe, mit denen sich das Gewitter (manchmal!) überlisten läßt. Je nachdem, ob es den Regattakurs vor oder hinter einem schneidet, kann man schätzen, ob der Wind rechts- oder linksherum dreht. Und was die Stärke angeht – nun, etwas Nerven gehören schon dazu, nicht gleich die Plünnen wegzuschmeißen oder in Richtung Heimat abzudrehen, wenn der erste Hammerschlag das Schiff auf die Seite packt und die Schot eine tiefe Kerbe in die Faust des Steuermanns schneidet.

Aber selbst Massenkenterungen verlaufen meistens glimpflich, wenn die Segler beim Umwerfen aufpassen und sich vernünftig verhalten. Im schlimmsten Fall gibt es einen Schnupfen oder ein weggeschwommenes Ausrüstungsstück, manchmal auch einen kleinen Schaden am Boot. Teure Sachen, wie Radios oder Fotoapparate, sind bei einer Regatta ohnehin nicht an Bord.

Hein, Klaus und Fietje hängen mittendrin im großen Feld der Piratenjollen. Sie laufen gerade den Schenkel B der Regattabahn raumschots ab und trimmen mit ihren Vorschotmännern ihre Boote in die erprobte »ideale Raumschotstellung«. Sie sind damit so sehr beschäftigt, daß sie nicht sehen, wie sich von Südwesten her das leuchtende Azurblau des Himmels rasch verschleiert hat. Ein gelber Dunststreifen liegt über der bevölkerten Strandpromenade, dem Casino und den Molenköpfen der Hafeneinfahrt. Er wächst schnell in die Höhe und bildet eine schirmartige Kuppel, die bereits den Strand erreicht hat, dann einen Turm – und jetzt eine auf dem Stiel stehende Birne, die, zweihundert bis dreihundert Meter hoch, die Sonne verdunkelt.

Hein sieht den gelben Haufen über Travemünde als erster. Nur noch fünfhundert Meter bis zum Ziel. Es wird schon nicht so schlimm sein; der charakteristische Böenkragen fehlt auch. – Die Birne wird unten schmaler. Jetzt sieht sie aus wie ein Pilz. Ein knallgelber Atompilz, der mit dreißig Sekundenmetern viele Tonnen feinen Strandsandes in der Luft herumwirbelt und über das Wasser fegt – genau auf das Regattafeld, auf die Piratenjollen von Hein und Fietje und Klaus zu.

Die am weitesten hinten liegenden Jollen packt es zuerst. Sie laufen noch hundert Meter mit der von achtern einkommenden Bö. Dann haben sie entweder die knatternden Plünnen geborgen, oder sie liegen bereits im Bach.

Hein sieht, was auf ihn zukommt, wenn auch ein, zwei Minuten zu spät. Deubel auch – das ist ja gar kein handelsübliches Gewitter! Der Vorschotaffe wirft das Großsegelfall los und zerrt mit geschickten Griffen das Segel ins Boot. Sekunden später springt die Sandbö mit peitschender Gewalt die kleine Jolle an. Hein versucht, vor der Fock das Zielschiff zu erreichen. Aber der Wind hat auf Süd gedreht. Und in der schnell aufkommenden kurzen Kabbelsee gelingt es ihm nicht, die Höhe zu halten, die nötig wäre, um das Ziel mit dieser Besegelung anzusteuern.

Die Jolle legt sich allein unter dem Druck der kleinen Fock so weit über, daß ein Kentern unvermeidlich ist, wenn sie nicht abdrehen und vor dem Wind nach See zu laufen. Aber dann wird es auch für die Fock zuviel, und der Vorschoter birgt das ruckende, ratternde, knallende Vorsegel. Eingehüllt in den Sandsturm, treiben sie jetzt ohne Plünnen »vor Topp und Takel« durch das aufgewühlte Wasser der Bucht.

Wohin ...? Hein weiß es nicht, denn er sieht nichts mehr. Ringsum ist alles gelb. Kein Land, keine Tonne, kein Schiff auszumachen. Hein blickt auf den kleinen Jollenkompaß und steuert, soweit der Seegang es zuläßt, nach Osten, wo das Land am nächsten sein muß. Er will unter allen Umständen vermeiden, auf die offene See hinausgetrieben zu werden. Doch das Land im Osten gehört zur DDR; hat Hein daran gedacht? Ja, das hat er. Sicher ist es eine Art von »Ausland«, aber sie befinden sich schließlich in Seenot. Und die Kameraden da drüben werden ihm bestimmt aus der Patsche helfen und ihm seinen Kahn wieder flottmachen, wenn der Zauber vorüber ist.

Der Wind kommt jetzt aus Südwest. Hein läuft etwa zehn Minuten in einer Wolke aus peitschendem Regen, gelbem Sand und sprühendem Gischt dorthin, wo er Land vermutet – nach Osten. Dann rumst das Schwert zum ersten Mal. Aha, es wird flach. Es rumst ein zweites, ein drittes Mal, bis es hochgenommen wird. Und dann läuft die Piratenjolle auch schon auf den flachen, steinigen Strand der mecklenburgischen Küste, wobei ihn die steile Brandung mit jeder Welle einen Meter weiter auf das Ufer wirft.

Dort stehen ein paar Leute, die mit anpacken und die Jolle ins Trockne ziehen. Hein grabbelt eine etwas angefeuchtete Zigarette aus der Brusttasche seiner Ölhaut und beschließt, zunächst einmal abzuwarten, bis der Schiet vorbeigezogen ist. Dann kann man weiter sehen. – Doch wie mag es Fietje und Klaus mit ihren Booten gehen?

Fietje hat das Großsegel früher geborgen und war gleich auf die Küste abgedreht, als er merkte, daß es unmöglich war, die Ziellinie noch zu erreichen. Als er gerade auf den Strand donnern will, sieht er in hundert Meter Entfernung durch den Staubwirbel einige bewaffnete Uniformierte, die ihm zuwinken, als ob sie ihn dort wegscheuchen wollen. Um ihre Absicht zu verdeutlichen, legt einer der Vopos seinen Karabiner auf ihn an. – Fietje kriegt einen bannigen Schreck. Er springt außenbords, steht bis zum Bauch im Wasser und versucht, die Jolle in der Brandung umzudrehen. Aber wie soll er gegen Wind und Seegang von Legerwall freikommen? Es ist aussichtslos, und er sieht das bald ein und läßt die Jolle auf den Strand treiben. Dort erwarten ihn schon die Vopos und ein Haufen neugieriges Fußvolk. Ein schwerbewaffneter Krieger wird ihm sogleich als Wachtposten zugeteilt. – Auf Fietjes drängende Frage, was nun mit ihm passiere, erntet er nur ein Achselzucken und einen nicht gerade freundlichen Seitenblick.

Klaus ist es noch schlechter ergangen. Er ist gleich beim Einsetzen

der Bö gekentert und in Richtung Land abgetrieben. Als er durch das Gemisch aus Wasserdunst und Sandstaub in zweihundert Meter Entfernung sieht, daß mit den Freunden irgend etwas nicht klarzugehen scheint, winkt er einem vorbeifahrenden Begleitschiff zu, in der Hoffnung, von ihm nach Travemünde eingeschleppt zu werden. Aber inzwischen sind über vierzig Jollen gekentert, und die Begleitschiffe und Polizeiboote haben alle Hände voll mit dem Anbordnehmen der Besatzungen zu tun, so daß sie sich zunächst um das Bergen der kieloben treibenden Jollen nicht kümmern können. So nützt ihm all sein Winken und Rufen nichts. – Man wird ihn und seinen Vorschoter retten, klar, aber erst, wenn sie dran sind. Und ohne ihr Boot, das kann man später immer noch holen.

Nach einer Viertelstunde ist es dann soweit, und sie landen beide an

Bord einer Polizeibarkasse. Aber ihr Boot müssen sie treiben lassen, denn die Barkasse hat schon zwei Jollen im Schlepp. Als sie es nach einer Stunde suchen, ist es nicht mehr zu finden. Der Wind hat es ans Ufer getrieben. Dicht neben Fietjes Kahn wurde es an Land gespült und von Fietje und seinem Vopo-Beschützer geborgen. Fietje macht sich große Sorgen um den Freund und dessen Vorschoter, als er die leere Jolle an den Strand zieht. Da er aber genau weiß, daß Klaus sich niemals von seinem gekenterten Schiff entfernen würde, zieht er daraus den Schluß, daß die Freunde ohne ihren Kahn geborgen wurden.

Das übrige Regattafeld ist durch die Bö über die ganze Bucht verstreut worden. Einige Jollen haben, vor dem Wind treibend, in rascher Fahrt Wendemarken und Fahrwassertonnen zu fassen bekommen und an ihnen festgemacht. Hier liegen sie, wenn auch im groben Seegang heftig arbeitend, verhältnismäßig sicher. Das Gros ist gekentert und zum Teil eingeschleppt worden, zum Teil nach See abgetrieben. Es dauert Stunden, bis die letzten Boote aufgepickt sind, nachdem die zur Suche ausgelaufenen Fahrgastschiffe und Fischkutter die Besatzungen geborgen haben. Das Startschiff hat Maschinenschaden und treibt an zu kurzer Ankertrosse und driftendem Anker rasch nach Nordosten ab.

Einige größere Seekreuzer haben Mastbrüche und andere Havarien zu verzeichnen. Aber gottlob dauert das Inferno nicht lange. Nach einer Dreiviertelstunde wird die Sicht klar, der Seegang geht zurück, und auf dem Travemünder Leuchtenfeld sieht man Dutzende großer und kleiner Segel in der warmen Sommerluft trocknen.

Bis auf drei! Die Segel der drei Boote, die im »Ausland« gelandet sind, an der mecklenburgischen Küste, knappe zwei Seemeilen von ihrem Heimathafen entfernt. Hein und Fietje können sich nicht um Bergung und Trocknung der Segel kümmern, denn man hat sie und ihre Vorschotmänner längst in einer »grünen Minna« nach Schwerin abtransportiert.

In Schwerin hört man schwer auf einem Ohr. Was? Zurückbringen zur Küste, damit sie ihre Schiffe flottmachen können? Das wäre ja noch schöner! Einsperren wird man sie, wegen unerlaubter Einreise in die Hoheitsgewässer der DDR! Wenn solche Dinge Schule machten, wäre ihr Staat bald voll von Agenten und Provokateuren. Und gegen eben diese könne man sich gar nicht genug schützen!

»Aber wir sind doch keine Agenten!« bitten und fluchen die Segler. Doch man hört, wie gesagt, schwer auf diesem Ohr. Was denn nun aus ihren Schiffen werde, wollen die vier wissen. »Zunächst beschlagnahmt!« lautet die Antwort. Es geschieht alles nach Recht und Gesetz, ganz korrekt und in völliger Übereinstimmung mit den bilateralen Vereinbarungen.

Zwei Tage lang hocken sie im Keller des Grenzkommandos in einer Arrestzelle. Wie es heißt, »um ihnen Gelegenheit zu geben, über die völkerverbindenden Aufgaben des Segelsports nachzudenken«. Dann schiebt man sie abrupt über die Schlutuper Grenze in den Westen ab. Ohne Boote natürlich, über die, wie man sagt »in Berlin noch befunden werden müsse«. Zwei Tage später erreicht die Lübecker Polizei ein Anruf aus Schwerin: Die drei »aus Seenot geborgenen« Jollen seien auf einem Lastwagen abtransportiert und ständen um 13.00 Uhr am Schlutuper Schlagbaum zur Abholung durch die Besitzer bereit. Dreihundert Westmark seien pro Schiff »zur Deckung der Bergungskosten« bei Übernahme zu zahlen.

Fietje, Hein und Klaus fahren mit einem eiligst gecharterten Lastwagen nach Schlutup. Sie zahlen die »Bergungsgebühr«, laden die Jollen um und sind nachmittags wieder in Travemünde – gerade noch rechtzeitig genug, um an der großen Abschlußregatta teilnehmen zu können, die am nächsten Morgen stattfindet. Obgleich ihre Boote durch die etwas unsanfte Behandlung leicht »zerzaust« wurden, können sie sich im Mittelfeld behaupten. Hein kann sich sogar als Nummer drei vorne plazieren. Beim Vorbeisegeln an der mecklenburgischen Küste wechseln Steuermann und Vorschoter einen langen Blick.

Knapp dreihundert Meter entfernt liegt im Sonnenschein der weiße Strand Mecklenburgs. Ein Volkspolizist winkt zu ihnen herüber. Nur so – aus Menschenfreundlichkeit. Wer wollte da noch den wahrhaft völkerverbindenden Charakter des Segelsports bezweifeln? Eine Grenze kann schließlich nicht beißen. Das tun höchstens die Menschen, die sie erfunden haben.

Und der Strand schweigt dazu. Weiß und menschenleer blickt er über die Bucht zu den Villen an der Strandpromenade, vor denen sich Tausende sonnenhungriger Hamburger, Düsseldorfer oder Stuttgarter die Bäuche braun oder rot tönen lassen.

Peinlicher Irrtum

Irrfahrt zu fremden Küsten

Man schreibt das Jahr 1958. Es ist ein schöner Tag im Juli, und Bruno will mit seinem 7,65-Meter-Folkeboot GAMLE HEST übers Wochenende von Travemünde nach Burgstaaken auf Fehmarn segeln. Die Zonengrenze? Sie kümmert ihn wenig. Bis zur Höhe von Klütz-Höved, wo es rechts nach Wismar geht, hält er sich dicht an die den Grenzverlauf markierenden Tonnen. Danach steuert er Kurs Nord auf die Ecke von Dahmeshöved zu, wo er den Leuchtturm mit dem Glas schon gut erkennen kann. Er weiß nicht genau, wo die Grenze auf See verläuft. Hauptsache, man hält sich vom jenseitigen Ufer fern. Doch auf die präzise gestellte Frage, wo auf der offenen See denn nun die Grenze zur DDR beginnt, weiß er keine Antwort. Außer ein paar Tonnen für die Großschiffahrt liegt da nämlich nichts, und es ist verdammt schwer, richtig zu gissen, wie weit man von Land entfernt ist. Dazu gehört ein gutes Augenmaß und große Erfahrung im sicheren Entfernungsschätzen. Es ist schwer, vom schwankenden Bootsrand aus zu entscheiden, ob der an der niedrigen Kimm erkennbare flache Sandstreifen drei Seemeilen oder nur zweieinhalb entfernt ist. Trotz guter Sicht und scharfer Augen. Deshalb vermeidet man die Annäherung an solche Küsten und geht lieber vorzeitig auf den anderen Bug.

Bruno schippert indessen mit seinem Kahn in den warmen Sonnenglast eines sorgenfreien Wochenendes hinein, ohne viel an solche Dinge zu denken. Er hat genügend andere Beschäftigungen, denn er ist allein an Bord. Als überzeugter Individualist schätzt er die einsamen Törns mehr als das muntere Gebrabbel einer überflüssigen Mannschaft. Man kann darüber streiten, ob seine Einstellung richtig ist oder falsch. Aber das ändert nichts daran, daß Bruno es nun einmal schön findet, allein zu segeln – sofern man auf einem Schiff überhaupt von Alleinsein sprechen kann. Bruno unterhält sich jedenfalls mit seinem Kahn besser als mit irgendwelchen menschlichen Quasselstrippen.

Er überschlägt noch einmal in Gedanken kurz, ob er auch nichts vergessen hat: Trinkwasser, Tabak, Marmelade, Kieker, Zollflagge – halt, da fällt ihm der Kompaß ein. Der steht im Spind auf dem Leuchtenfeld. Schiet, denkt Bruno, aber dann tröstet er sich, denn eigentlich braucht er ihn ja gar nicht. Es lohnt sich jedenfalls nicht, deshalb umzudrehen. Außerdem bedeutet Umdrehen Unglück, und Bruno ist nun mal, wie fast alle Segler, abergläubisch. Zudem kennt er ja auch die Gegend wie seine Westentasche, und bis Dameshöved sind es nur fünfzehn Meilen. Danach geht es sowieso an der Küste entlang bis Fehmarn. Also was soll's.

Feines Wetter, denkt Bruno und nimmt einen kräftigen Schluck aus der Rumbuddel. Allerdings fühlt sich die Luft etwas klebrig an. Hoffentlich gibt es zum Abend keinen Nebel. Von achtern kommt aus der Neustädter Bucht eine große weiße Ketsch auf – offenbar unter Maschine. Bruno stopft sich die Pfeife und schiebt ein Kissen hinter seine Schulterblätter, damit er besser mit zurückgelegtem Kopf die Bewegungen des schwirrenden Standers beobachten kann: Südwest zwei bis drei, also Backstagsbrise bis Fehmarn – eine wunderbare Chance! Bruno greift erneut zur Buddel und singt sich auch eins. Seine Welt ist in Ordnung.

Die Ketsch ist bis auf eine Meile herangekommen. Da der Abstand sich kaum noch verringert, müssen sie wohl die Maschine abgestellt haben – motoren wäre ja auch ein Frevel bei der schönen Brise. Es ist ein dicker Pott, der da hinter ihm herschippert. Und viel Lärm macht er auch ohne Motor. Mindestens zehn Leute sitzen an Deck, lachen und quatschen, und dazu dudeln Musikfetzen über das Wasser zu Bruno hin, der das gar nicht mag. Sicher Hamburger. Oder Studenten, was für ihn genauso schlimm ist. Am besten kümmert man sich nicht um sie.

Bruno ist glücklich, allein an Bord zu sein. Seine Schiffsuhr glast achtmal mit hellem, klarem Doppelschlag: 16.00 Uhr. Es ist Zeit, Kaffee zu kochen. Bruno klappt die an der Rückwand des Cockpits montierte Feststellvorrichtung für die Ruderpinne hoch (eigenes Patent, hat viel Kopfzerbrechen gekostet!), stellt das Ruder millimeterscharf ein und prüft noch einige Minuten, ob der Kahn auch seinen Kurs alleine steuert. Dann nickt er prüfend – sagt »süh, so« oder irgend etwas Ähnliches – und begibt sich zufrieden unter Deck, um auf dem Propankocher das Kaffeewasser aufzusetzen. Eine Viertelstunde später sitzt er wieder an der Pinne, die Mug mit dampfendem Mokka vor sich, ein Stück von Mutters Sandtorte in der Faust. Jedesmal, wenn er davon abbeißt, beugt er sich über den Rand der Plicht, damit die Kuchenkrümel nicht in die Bilge fallen. Ja – so ist Bruno. Etwas pedantisch für landläufige Begriffe, aber an Bord ist Pedanterie nun mal gleichzusetzen mit Ordnung. Und die muß sein.

Nach dem Kaffee ein Schluck aus der Pulle und der Griff zur geliebten Pfeife. Durch die Qualmwolken seines Knösels blickt er nach Backbord auf den Badestrand von Grömitz. Jetzt muß bald Kellenhusen kommen. Das mecklenburgische Ufer an Steuerbord kann er nicht erkennen, obgleich es eigentlich zu sehen sein müßte. Auch der Leuchtturm von Dahmeshöved, der vor zehn Minuten noch schön klar voraus zu sehen war, ist verschwunden.

Dafür liegt ein blaugrauer Schleier über der Huk, und der Wind hat leicht zugenommen. Noch eine knappe Stunde, dann hat er das Kap hinter sich. Doch irgendwie kommt ihm die Sache unheimlich vor.

Das wird doch wohl kein Nebel werden? Mal sehen, was der Nachbar macht. – Er blickt rückwärts zur Ketsch, die groß und weiß unter einem prächtig stehenden Raumballon auf etwa zweihundert bis dreihundert Meter herangekommen ist. Dort scheint man den Nebel (falls es einer ist) noch nicht bemerkt zu haben. Jedenfalls aalen sich alle an Deck, und das Radio dudelt seine Musikfetzen über die Weite der Ostseebucht.

Bruno macht sich wegen des Nebels keine großen Gedanken. Der dicke Nachbar hat ja auf jeden Fall einen Kompaß an Bord und segelt anscheinend den gleichen Kurs. Es scheinen doch keine Hamburger zu sein, sondern Briten – »Tommies« von der Besatzungstruppe –, die ihr Schiff vom British Kiel Yacht-Club gechartert haben. Man sieht sie oft in den Gewässern um Fehmarn. Es sind immer dieselben Schiffe, aber mit wechselnden Besatzungen.

Die Ketsch schiebt sich in Lee langsam vorbei. »Hello« hier, »Hello« dort. Freundliche und ein wenig abschätzende Blicke wandern hin und her. »Laß ihn man voraussegeln«, denkt Bruno. Er zeigt mit dem Pfeifenstiel nach vorn auf die größer gewordene Nebelbank. Die Tommies kucken, stecken die Köpfe zusammen und winken ab. Alles klar!

Nach knapp einer halben Stunde hüllt der Nebel sie ein. Die Briten bergen ihr großes Vorsegel, um besser nach vorn beobachten zu können. Bruno läuft ihnen etwas auf und kann jetzt ganz gut mithalten. Grömitz achteraus, Kellenhusen querab und Dahmeshöved voraus sind in weißlich-graue Watte verpackt. Beide Schiffe segeln jetzt fast Bord an Bord. Eine Unterhaltung kommt nicht in Gang. Bruno kann wenig Englisch – und überhaupt: warum so viel quatschen.

Mit dem Nebel hat der Wind gedreht. Er kommt jetzt direkt von vorn, so daß beide Yachten mit dichtgeholten Schoten auf einen langen Kreuzschlag gehen müssen. Die Orientierung ist – wie Bruno sich beschämt eingesteht – gleich Null. Hätte er doch bloß seinen Kompaß mitgenommen! So ein Blödsinn! Wie konnte ihm das nur passieren? Jetzt bleibt ihm nur übrig, sich blind auf seinen Nebenmann zu verlassen, der offenbar auch keine Lust zu einem Alleingang verspürt, denn er bleibt zäh an Brunos Seite kleben. Besser als nichts, denkt Bruno, und er nimmt gleich zwei Schlucke aus der Rumbuddel. Sein Knösel geht überhaupt nicht mehr aus. Rum und Rauch verhüllen, was der Nebel allenfalls noch offenlassen würde – das Gefühl für Zeit und Raum.

Bruno schippert sozusagen »nach Schnauze«, also blind in den mit Watte gefüllten Sack hinein. Mit fünf bis sechs Knoten Fahrt steuert er

einen Kurs, den er nicht kennt – auf einem Meer, das er nicht sieht – und ohne zu wissen, an welchem Punkt der Lübecker Bucht er sich befindet. Allein der Engländer an seiner Steuerbordseite verleiht ihm Kraft und Stärke, denn wenn der mit seinen zwei Metern Tiefgang irgendwo anbumst, hat Bruno mit seinem fixen Folkeboot immer noch Zeit, über Stag zu gehen und notfalls den Anker über Bord zu werfen.

Seemännisch betrachtet, ist das Ganze natürlich heller Wahnsinn. Wer würde mit verbundenen Augen Auto fahren? – Aber Bruno fährt ja kein Auto, sondern segelt nur. Und das kann er – wie er meint – auch mit verbundenen Augen.

Die Zeit vergeht. Es ist 18.00 Uhr geworden. Eigentlich hätte man längst auf den anderen Bug gehen müssen, denn ein dummes Gefühl sagt Bruno, daß sie ziemlich dicht an die DDR-Küste herangesegelt sind. Aber der Brite muß es ja wissen. Die Windrichtung bietet ihm keine Orientierungshilfe mehr, denn beide Schiffe haben oft angeluvt, sind abgefallen, und der Wind kann ja auch gedreht haben. Bruno vertraut seinem guten Stern – wenn er ihn auch nicht sehen kann. Er sieht nicht einmal die Sonne, denn der Himmel hat sich dick zugeschmiert, und lediglich einige vorbeiwehende Nebelfetzen deuten auf das Vorhandensein der Atmosphäre hin.

»Welt, wie hast du dich verändert!« seufzt er laut, als es plötzlich »Muuh« macht. Richtig »Muuh« mit einem langgezogenen »U« und einem darangehängten »H«.

»Tonne?« schießt es ihm durch den Kopf. Er greift zur Seekarte und studiert sorgfältig, ob und wo in dieser Gegend eine Heultonne liegen könne. Aber die Karte schweigt und läßt diese Frage unbeantwortet: Von Pelzerhaken bis Burgstaaken gibt es keine solche Tonne auf seinem mutmaßlichen Weg. – Das Nebelhorn vom Leuchtturm Dahmeshöved kann es auch nicht sein. Dessen Membransender röhrt anders und müßte ja auch an Backbord tuten und nicht, wie hier, an Steuerbord muhen. Aber was ist es dann?

Bruno lauscht angestrengt und richtet seine Ohrmuscheln wie Radarschirme nach Steuerbord. Wenn nur der Tommy die Musik abstellen würde – bei dem Krach hört man ja rein gar nichts. Aber da tönt es erneut mitten zwischen dem von der BBC London ausgestrahlten Dreivierteltakt des Kaiserwalzers: »Muuh, muuh, muuh!« Und zwar diesmal deutlich und unverkennbar. Außerdem riecht es nach frischem Heu. Und dann hört er Kinderlachen von irgendwoher. Doch es kommt nicht aus dem Radio des Nachbarn und auch nicht aus dessen Kajüte, sondern mehr von vorne, wo eigentlich außer Wasser gar nichts sein dürfte.

Und dann sieht er Land! Schwache Konturen sind es nur, die im Nebel vier Strich voraus an Steuerbord auftauchen. Bruno kann gut erkennen, daß es eine Steilküste ist, daß diese Küste bewohnt ist und daß sie nicht dort liegt, wo Dahmeshöved zu erwarten gewesen wäre. Und nun sieht er auch plötzlich eine Kuh auf einer Weide grasen. Eben schickt sie sich gerade wieder an, dem Bauern mit einem langgezogenen Muuhuh-Klageton klarzumachen, daß es Zeit zum Melken ist.

Bruno blickt völlig konsterniert zum Briten hinüber. Der ist noch da. In seinem Gehirn schaltet blitzartig ein Relais um von Rumseligkeit auf glasklare Erkenntnis: Das kann doch nur die mecklenburgische Küste der DDR sein, auf die er im Nebel, quer über die Lübecker Bucht hinweg, mit fünf bis sechs Meilen Fahrt zugelaufen ist. Und die Muh-Töne waren keine Heultonne, sondern jenes Hornvieh am Ufer. O Mann! Wo und an welcher Stelle der Küste er steht, interessiert ihn jetzt nicht mehr. Die Tatsache, daß er im Bereich der DDR gelandet ist, genügt ihm völlig, um seinen Puls wie einen Dampfhammer schlagen zu lassen. »Boot futsch, Untersuchungshaft, Bestrafung, Gefängnis«, durchzuckt es sein Bewußtsein, und ihm zittern die Knie.

Auf dem Engländer hat man inzwischen auch schon etwas gemerkt. Segel fallen, ein Anker rauscht rasselnd auf den Grund. Bruno fährt mit losen Schoten einen Aufschießer und geht beim Briten längsseit.

»Wo – in des Dreideubelsnamen – sind wir eigentlich?« brüllt er auf deutsch dem Rudergänger zu. Der scheint ihn zu verstehen, aber er zuckt die Schultern. »Uaiss nicht«, ruft er zurück. Bruno bohrt weiter: »Welchen Kurs habt ihr denn gesteuert?« – »Uaiss nicht«, zucken die Schultern hilflos. Bruno will es nicht glauben. »Kurs? Course, course on compass?« schreit er ihn an.

Doch da sagt der Engländer einen Satz, der trotz seiner Kürze Brunos Blut gerinnen läßt. »No compass«, sagt er, »compass defect! Kaputt – okeh? Uir sailen hinter Sie her!«

Bruno meint, ihn trifft der Schlag. Er will über Stag gehen, um so rasch wie möglich aus dieser finsteren Ecke herauszukommen. Aber da hört er schon ein schnell näher kommendes Motorengeräusch und aufgeregte Rufe. Er verzichtet deshalb auf einen Fluchtversuch und bindet seinen Kahn am Heck des Tommies an.

Einige Minuten später kommt ein Kutter mit waffengespickten

DDR-Grenzern längsseit. Die Männer erklimmen hastig die beiden Yachten. Fragen, Befehle, Kommandos; Schaftstiefel an Deck und Pistolen im Anschlag. – Einem kurzen Verhör folgt ungläubiges Mißtrauen.

Wo sie sich befänden, fragt der Leutnant ironisch zurück. Na, das müßten sie doch besser wissen. Sie hätten jedenfalls ihren Weg trotz des Nebels (oder sogar im Schutz des Nebels?) recht gut gefunden. Alles Weitere würde ein Verhör beim Kommando Seepolizei rasch klarstellen. Sie seien jedenfalls alle vorläufig festgenommen.

Zehn Minuten später rauschen die Yachten im Schlepp des Kutters aus der Boltenhagener Bucht um die Lieps herum zur Wismarer Innenreede. Dort legt man sie vor Anker, streng bewacht selbstverständlich, damit nichts wegkommt. Die Männer werden an Land geschafft und dort durch den Staatssicherheitsdienst einem peinlichen Verhör unterzogen.

Es kostet viele Mühen und Telefonate, um die Harmlosigkeit ihrer unfreiwilligen Einreise in die DDR zu beweisen. Bruno darf nach zwei Tagen Wismar mit seinem Schiff wieder verlassen, nachdem man ihn um eine beträchtliche Summe als Geldbuße erleichtert hat.

Bei den Briten dauert es etwas länger, denn sie sind Soldaten der britischen Armee, und es muß erst die zuständige Militärmission bemüht werden. Aber nach Hause gekommen sind sie auch. Und ihr Schiff ebenfalls.

Bruno hat eigentlich nichts gegen Schaftstiefel. Er hat sie selbst lange genug getragen. Doch an Bord einer Yacht gehören sie zu den überflüssigsten Dingen dieser Welt. Seine Meinung über seefahrende Engländer hat sich seitdem auch etwas geändert.

Und ohne Kompaß geht er niemals mehr aus dem Hafen.

Die Falle

Das Ende eines Fluchtversuchs

In den letzten zehn Jahren hat sich nichts Besonderes auf See ereignet. Höchstens, daß man den Seglern der DDR an ihrer eigenen Küste das Schippern vor der Haustür verboten hat. – Doch wen hier interessiert das schon! – Es kam übrigens ganz plötzlich. Und in der Verfügung, die den Vereinen und Betriebssportgruppen zugestellt wurde, hieß es, es geschehe »aus Gründen der Sicherheit«. Welche Sicherheit damit gemeint war, blieb offen. Da jedoch dank der stets wachsamen Grenzpolizei noch niemals ein Segler auf See gestohlen wurde, konnte damit nur eine Abriegelung der Fluchtwege über See beabsichtigt sein. Nun ja, jeder einsichtsvolle Sportsfreund wird dafür Verständnis haben, denn wer will sich schon mangelnde Einsicht nachsagen lassen ...

Auch Werner ist einsichtig; aber ihm fehlt das Verständnis für diese Maßnahme. Er hat sein Ingenieurstudium in Greifswald absolviert und arbeitet in gutbezahlter Stellung auf der Warnow-Werft. Seit zwei Jahren ist er mit Ilse verheiratet. Die Ehe ist kinderlos. Warum? Nun, sie sind beide berufstätig, und der Wohnraum ist auch knapp; sie hoffen, daß sich da bald etwas ändern wird.

Werner liebt nichts mehr, als mit seiner selbstgebauten Jolle vor dem weißen Strand der Warnemünder Küste entlangzuklüsen. Einige Male hat er die spärlich angesetzten Seeregatten nach Gedser, Rügen und Wismar auf größeren Yachten mitgemacht. Aber am liebsten segelt er doch mit Ilse auf seinem kleinen Kahn. Da ist er sein eigener Herr, hat keine Aufpasser und kann tun, was er für richtig hält.

Als Werner vom Segelverbot vor der Küste hört, läuft ihm die Galle über. Wo soll denn schließlich noch gesegelt werden? Der Breitling und die Warnow mögen für Angler oder Paddler ganz gut sein. Aber zum Segeln ist das nichts. Und nicht jeder hat gleich einen Greifswalder Bodden vor der Nase. – Beim Friseur macht er seinem angestauten Ärger Luft: »Der ganze Staat hier ist ein einziges großes Gefängnis«, sagt er, als der Meister ihn fragt, was das Segeln mache. Werner sieht im Spiegel das schreckerfüllte Gesicht des Friseurs und die hochgezogenen Augenbrauen eines Mannes, der im Hintergrund des Ladens auf Bedienung wartet. Der Mann sieht aus wie ein Parteifunktionär. Und Werner weiß sofort, daß sein unbedachtes Wort auf ihn zurückkommen wird.

Eine Woche später wird er zum Warnemünder Sicherheitsdienst vorgeladen. Dort will man wissen, wie er das gemeint habe und was er damit sagen wolle. Ob er schon mal ein »Gefängnis« von innen gesehen habe? Nein? Dann solle er sich nur vorsehen, sonst könne diese Besichtigung schneller erfolgen, als ihm lieb sei. Der Kommissar hört sich Werners nicht sehr überzeugend vorgebrachte Ausreden an und läßt ihn laufen. Vorerst jedenfalls – er werde noch von ihnen hören, sagt er.

Bei Werner bestehen keine Zweifel, was dieser Vorfall für ihn bedeutet. Das wurde ihm oft genug überaus deutlich vor Augen geführt. Als er mit der zu Tode erschrockenen Ilse über seine

Vernehmung spricht, ist beiden klar: Hier hilft nur noch die Flucht. – Aber wie, wenn die Grenze dicht und der Weg übers Wasser versperrt ist? Egal – man muß es auf jeden Fall versuchen.

Es ist Mitte September 1964. Der Sommer neigt sich dem Ende zu, und mit ihm enden die kurzen, hellen Nächte. Die Lübecker Bucht und Fehmarn fallen angesichts der scharfen Bewachung der DDR-Küste als Fluchtziel aus. Was übrigbleibt, ist der kurze Sprung quer über die Ostsee nach Gedser, wo schon viele Kameraden Schutz und Aufnahme gefunden haben. Aber bis Gedser sind dreißig Seemeilen offener Seeraum zu überwinden, und zwar quer durch einen von DDR-Schiffen stark befahrenen Seeweg. Also kann er nur die Nacht hierfür ausnutzen, und die ist im September noch zu kurz.

Er rechnet nach: dreißig Meilen mit einem Schnitt von drei Knoten – günstige Winde vorausgesetzt – bedeuten zehn Stunden Nachtfahrt. So lange Nächte gibt es aber frühestens im Oktober. – Kalender her: Am 15. Oktober ist Neumond! Also nicht lange überlegt und dies Datum festgehalten.

Am 25. September wird er wieder vorgeladen. Es ist diesmal eine andere Dienststelle und ein anderer Mensch, der ihn verhört. Er trägt einen schwarzen Ledermantel und ist kein Warnemünder. Man eröffnet ihm barsch, daß ein Verfahren gegen ihn eingeleitet sei wegen republikfeindlichen Verhaltens und Schädigung der DDR – also die in solchen Fällen übliche Prozedur. Man sei angewiesen, ihn sofort festzunehmen. Aber es gäbe eine Möglichkeit, dem zu entgehen... Er kenne doch viele Genossen auf der Werft und höre bei der Arbeit viele Äußerungen. Ob er nicht...?

Werner sagt nicht ja und nicht nein. Er will es sich überlegen; man soll ihm ein paar Tage Bedenkzeit lassen. »Nun gut«, sagt der Schwarze, »aber wir warnen Sie! Glauben Sie nicht, Sie könnten uns an der Nase herumführen!«

Werner geht abends in den Bootsschuppen und schleift den Lack seiner weißen Jolle mit Sandpapier rauh. Es ist ruhig dort, und niemand sieht ihm bei der Arbeit zu. Am Wochenende ist das Schiff dunkelblau gestrichen. Ilse hat unterdessen die weißen Baumwollsegel in den Waschkessel gesteckt und sie braun eingefärbt.

Die Kameraden beginnen neugierige Fragen zu stellen. Zum Beispiel, warum er nicht mehr segle. Und warum er sein Boot – jetzt im Winter – neu streiche. Komisch, nicht? Die braunen Segel hat Werner ihnen lieber nicht gezeigt. Zu schnell spricht sich so etwas herum, und es gibt viele Wölfe im Schafspelz.

Am 3. Oktober soll er wieder zum Schwarzen. Er läßt sich krankschreiben und liegt eine Woche im Bett. Dann schickt ihn seine Werft für eine Woche zur Montage nach Saßnitz. Als er zurückkommt, liegt eine neue Vorladung auf seinem Tisch. Und auch sein Abteilungsleiter fragt ganz beiläufig, ob er irgendein Problem mit den Behörden habe... Es wäre ja immerhin möglich.

Jetzt gibt es keinen Aufschub mehr. Werner und Ilse raffen ein paar Sachen zusammen – das Nachtglas aus Jena, den kleinen Taschenkompaß, ein paar Brote, eine Tüte Äpfel und einige Zigaretten. Mehr darf es nicht sein, denn es muß aussehen wie eine Spazierfahrt. Wenn sie geschnappt werden, kann man sie höchstens wegen Übertretung einer Polizeiverordnung bestrafen, ihnen aber keine Republikflucht anhängen, auf die eine hohe Freiheitsstrafe steht.

Am 15. Oktober bringen Werner und Ilse kurz vor Einbruch der Abenddämmerung die blaugestrichene Jolle zu Wasser. Werner klüst durch den weitläufigen Warnemünder Hafen, als mache er nichts weiter als einen kleinen Feierabendschlag vor der Haustür. Niemand achtet auf ihn. Er segelt quer über das Hauptfahrwasser zum Breitling und kreuzt dort auf und ab, bis es dunkel ist. Dann schlängelt er sich durch die Hafeneinfahrt bis zu den Molenköpfen, um zu sehen, ob Zoll oder Hafenpolizei ihn anpreien. Aber alles bleibt ruhig, und der dunkle Schiffsrumpf verschmilzt mit dem Blau des Abendhimmels und dem Schwarz des Wassers.

Der Wind weht aus Südwest und trägt den Lärm der Werft über den Hafen hinweg nach See. Auf der Jolle ist alles still; Werner und Ilse sprechen kein Wort und nutzen die akustische Überblendung des Werftlärms für sich aus. Vorsichtig gibt Werner einen Schrick in die Schoten – vorsichtig, kein Block darf dabei knarren – und fiert die Segel auf, denn zu schnelle Fahrt erzeugt eine aufblitzende Bugwelle, die weithin sichtbar ist. Ganz ruhig bleiben! Alles nur Nervensache!

Der Strom setzt nach Norden aus dem Hafen heraus und treibt die Jolle rasch zwischen den Molenköpfen hindurch nach See zu. Nun schlägt Werner einen Haken nach Osten, um hinter die Peilung des Leuchtturms zu kommen. Nach wenigen Minuten hat die Dunkelheit das Boot verschluckt. Es ist 20.00 Uhr, und zehn Stunden schützende Nacht liegen vor ihnen. Die erste Mauer ist überklettert, aber die Jolle befindet sich jetzt in der Dreimeilenzone, in der die mit starken Motoren ausgerüsteten, flinken Wachboote der Seegrenzpolizei jeden Fleck kontrollieren.

Werner ist bekannt, daß sich die Polizei bei der Auslegung, wie weit die drei Meilen reichen, nicht gerade entgegenkommend verhält. Manch einen haben sie schon zurückgeholt, der sich bereits weit vor der Küste in Sicherheit glaubte. Denn draußen auf See fahren Frachtschiffe und Fischkutter, von denen manche einen doppelten Auftrag haben. Er ist weder vertraglich vereinbart noch in den Schiffstagebüchern festgehalten. Sicher ist man eigentlich erst nach Erreichen der dänischen, westdeutschen oder schwedischen Küste, oder wenn man von einem Schiff aufgenommen wurde, das nicht unter der Flagge eines Ostblocklandes fährt.

Werner weiß dies alles. Er lebt zu lange an der Küste, um nicht zu wissen, wie schwer es ist, sich aus dem Netz zu befreien. Und er kennt auch manche, denen ein solcher Versuch mißlang.

Der Wind weht leicht und unverändert aus Südwest. Ilse hat sich neben den Schwertkasten gekauert, als ob sie sich verkriechen möchte. Den Käptn jibbert es nach einer Zigarette, um damit die Nervosität zu bekämpfen. Aber Rauchen fällt flach, denn die Wachtposten haben starke Gläser und wachsame Augen. Schon manchem wurde das Glimmen seiner Zigarette zum Verhängnis. So sitzt er breitbeinig auf den Bodenbrettern der Jolle und verfolgt unruhig das Auswandern der mit Leuchtmarken versehenen Rose des Taschenkompasses.

Es ist jetzt 23.00 Uhr. Werner sieht viele Lichter seinen Kurs kreuzen. Wenn er dicht an ein Fahrzeug heranzukommen droht, schrickt er die Schot und fällt ein wenig ab. Hier draußen ist jeder Unbekannte sein Feind.

Sterne leuchten, aber es bleibt dunkel. Die Neumondnacht ist gerade das Richtige für Schmuggler, Diebe oder solche, »die nicht mehr mögen« – also Aussteiger wie er und Ilse. Er denkt an ihre gemeinsame Wohnung, die sie sich von mühsam Gespartem so behaglich eingerichtet haben, an Möbel, Anzüge und an Freunde – die wenigen, die noch »echt« geblieben sind. Es ist ihre Heimat, die sie verlassen, trotz allem. Seine Mutter lebt dort noch; aber nicht einmal ihr hat er gewagt, eine Nachricht über seine Fluchtpläne zukommen zu lassen. Wer weiß, wann und wie sie es erfährt und aufnimmt?

Zwischen Werner und Ilse herrscht Schweigen. Aber der Skipper weiß, daß auch ihre Gedanken bei dem sind, was sie verließ. Es mußte wohl alles so kommen; Tausende verschwanden schon bei Tag und Nacht über die Grenze in den Westen. Aber niemand spricht darüber, denn wer kann noch unterscheiden zwischen Freund und Feind.

Morgen früh werden die Kameraden auf der Werft die Köpfe zusammenstecken und flüstern: »Habt ihr schon gehört? Der Werner ist getürmt!« Ein Neuer wird seinen Platz im Konstruktionsbüro einnehmen, seine Möbel werden versteigert, und die Wohnung wird beschlagnahmt. Das kennt man dort und nennt es »Liquidation«. Niemand macht sich darüber große Gedanken. Spätestens bis Mittag werden sie das Fehlen des Bootes entdeckt haben und ihre tausendpferdigen Wachhunde auf ihn hetzen. Aber dann wird er längst in Sicherheit sein. Oder...? Es gibt kein »Oder«. Es gibt auch kein »Zurück«. Es gibt nur ein »Vorwärts«, ein kompromißloses »Weiter«, bis die weißen Molen von Gedser das braune Segel mit ihren schützenden Armen umschließen.

Es ist 24.00 Uhr geworden, und der Wind, der bis jetzt das Tuch mit gleichmäßigem Druck wölbte, hat nachgelassen. Die Schot liegt leicht in Werners Hand, und die Pinne weicht ohne Widerstand dem Druck des Fingers. Nach einer halben Stunde ist die Flaute da. Werner überlegt, was zu tun ist. Er befindet sich mitten im Großschiffahrtsweg mit den vielen polnischen Kümos und DDR-Trawlern, die auf dieser befahrenen Strecke vorübertuckern.

Er greift zum Stechpaddel. Zwei Knoten Fahrt holt man damit wohl raus; na ja, und der halbe Weg ist ohnehin schon geschafft. Doch das Paddeln erweist sich als Schwerstarbeit! Während die kleine Jolle unter Segeln wie eine Feder über das Wasser huschte, stemmt sie sich jetzt dem Vorwärtsdrängen des Paddels mit der Kraft eines Ochsen entgegen. Wie kann ein so kleines Boot nur so viel Widerstand leisten! Als ob es nicht in die Freiheit wolle. Es hilft nichts, Ilse muß mitpaddeln. So schafft man vielleicht drei Meilen pro Stunde und hat Aussicht, doch noch vor Tagesanbruch in dänischen Gewässern zu sein.

Schlag auf Schlag greifen die tropfenden Hölzer in das Dunkel der Nacht. Es ist, als wollten sie das riesige Meer mit kleinen Zirkelschlägen ausmessen – drei Meter pro Takt, zweitausend Doppelschläge in der Stunde, zwölftausend Schläge bis Gedser. Eine schreckliche Vorstellung! Man darf nicht darüber nachdenken. Aber es wird sicher bald wieder Wind geben. Die Mitternachtsbrise wird kommen, bestimmt aber die Morgenbrise. Und dann sind sie ja auch bereits innerhalb der dänischen Hoheitsgewässer. Es wird schon alles gutgehen.

Es geht auch gut, jedenfalls das Paddeln, aber die Mitternachtsbrise läßt auf sich warten. Wie mit einem Ölfilm überzogen, breitet sich das Meer ringsumher aus. Das heisere Husten der Diesel und die Schraubengeräusche passierender Schiffe sind kilometerweit durch die Stille zu hören, und Werner meint, alle Schiffe hätten nur das eine Ziel – sie auf die Hörner zu nehmen.

Und dann macht er sich auch Gedanken über den Strom. Ob man zehn Stunden von der Strömung nach Osten oder nach Westen versetzt wird, ist ein großer Unterschied. Das ergibt leicht eine Differenz von fünf, acht oder sogar zehn Meilen. Und die reichen glatt aus, um an Gedser vorbeizuschippern. Doch er tröstet sich mit dem Gedanken, daß schließlich überall Küste ist. Und wo Küste ist, da ist Dänemark. Und wo Dänemark ist, da ist die Freiheit.

Für Ilse und ihn heißt das ganz einfach: paddeln, paddeln und nochmals paddeln, auch wenn die Finger brennen und das Kreuz schmerzt. Werner stützt mit dem rechten Knie die Ruderpinne und steuert am Kompaß stur Nord zu West. Strom hin, Strom her – mit Kurs 350 Grad muß man doch irgendwo ankommen. Wenn Ilse ihr Paddel an Steuerbord durch die Tinte zieht, sitzt Werner an Backbord. Jede halbe Stunde wechseln sie die Seiten.

Um 03.00 Uhr sackt Ilse, die bis dahin, ohne ein Wort zu sagen, die ungewohnten Anstrengungen ertragen hat, vornüber. Es ist alles zuviel gewesen für die junge Frau; ihre Nerven und Muskeln versagen. »Werner«, sagt sie, »ich kann nicht mehr. Sind wir denn nicht bald da? Man müßte doch längst die Küstenfeuer sehen können!«

Werner denkt an die Froschperspektive, aus der sie alles nur zwei Handbreit über dem Wasserspiegel sehen, und redet ihr tröstend zu: »Es sind bestimmt nur noch einige Meilen, Mädchen, die Feuer liegen schon dicht unter der Kimm. Ruh dich ein wenig aus, und versuch es dann wieder. Jede Stunde bringt uns ein paar Meilen dem Ziel näher. Um 06.00 Uhr sind wir bestimmt da. Wenn Wind aufkommt, sogar noch früher.«

Ilse spürt deutlich, daß sie am Ende ihrer Kräfte ist und Werner sie nur trösten will. Auf den Innenflächen ihrer Hände haben sich große Blasen gebildet, deren bewegliche, nässende Haut beim festen Griff um den Schaft des Stechpaddels zerrissen ist und jetzt wie ein schrundiger Kratermund die wunden Stellen umrandet. Das Salzwasser beißt in den Wunden; die Muskeln schmerzen; der Puls klopft rasend schnell. Sie hat in der letzten halben Stunde die Zähne fest zusammengebissen, doch als die Übelkeit sie überfällt, nützt ihr alle

Selbstbeherrschung nichts mehr. Sie rutscht auf die vom Tau der Nacht angefeuchteten Bodenbretter, legt den Kopf auf die Knie und schluchzt lautlos in sich hinein. Sie ist verzweifelt, weil ihre dummen Nerven sie gerade jetzt im Stich lassen.

Werner kann ihr nicht helfen. Auch er spürt, daß seine Kräfte nicht mehr lange reichen werden. Aber er ist sich darüber im klaren, daß es für ihn keine Pause geben kann und darf, wenn er Gedser bis zum Morgen erreichen will. Es mögen noch sechs bis acht Meilen bis zur Küste sein, vielleicht – wenn man die Kursabweichungen mitrechnet – auch zehn. Er braucht wohl noch drei volle Stunden, um den Schutz der dänischen Gewässer zu erreichen.

Er packt sein Paddel fester und preßt die blasigen Handflächen gegen das Holz, damit der Schmerz ihn wachhält und sein Tempo beschleunigt. Jetzt, da er für zwei arbeiten muß, ist jede Minute kostbar geworden.

Um 04.00 Uhr taucht zwei Strich an Steuerbord der zuckende Schein eines Feuers über der Kimm auf. Werner stößt Ilse, die mit dem Kopf auf den Knien eingenickt ist, an und zeigt mit dem Finger in die Richtung, aus der es blinkt. Ilse ist sofort hellwach. »Gedser?« fragt sie. – »Ja«, sagt Werner. Was soll er auch sonst sagen? Genau weiß er es nicht; aber auf jeden Fall scheint es Dänemark zu sein.

Das Feuer kommt rasch näher – viel zu rasch, um der Gedser-Feuerturm zu sein. – Nein, es ist nicht Gedser Odde. Es ist eine dicke Glockentonne mit einem Blitzfeuer im Topp. Werner wünscht sich nichts sehnlicher, als zu wissen, was das für eine Tonne ist. Am besten wäre es, dicht heranzufahren und nachzusehen, was darauf geschrieben steht.

Er hält auf die Tonne zu und blinkt sie mit seiner Taschenlampe an. »Warnemünde 1«* steht drauf. Sie markiert die Stelle, wo die Großschiffahrt, die Rostock anlaufen will, vom Zwangsweg abbiegen muß. Zehn Seemeilen beträgt von dort die Entfernung bis Gedser.

Aber warum, zum Teufel, hat er das Gedser-Feuer noch nicht gesichtet? Dessen Sichtweite beträgt fünfzehn Seemeilen. Da die Nacht klar und die Sicht gut ist, hätte er das Feuer schon vor einer oder anderthalb Stunden sehen müssen. – Doch da fällt ihm die alte

* Alle nautischen Angaben entsprechen dem Stand von 1964. Die Tonne Warnemünde 1 und das Feuerschiff Gedser Rev wurden inzwischen eingezogen. Die Sichtweite des Leuchtfeuers Gedser Odde wurde auf 24 Seemeilen verstärkt. Der Großschiffahrtsweg wurde verlegt und neu betonnt.

Faustregel der Fischer ein, daß alle Angaben in Handbüchern und Seekarten über die Sichtweite von Feuern einer Augenhöhe von fünf Metern entsprechen. Seine Augenhöhe beträgt jedoch nur einen halben Meter! Das ist die Lösung! Die Sichtweite des Gedser-Feuers schrumpft dadurch für ihn um ein Drittel auf etwa zehn Seemeilen.

Es heißt also weiterpaddeln. Doch nun kennt er seine Position und hat seine Sicherheit zurückgewonnen. Das Blinken an Steuerbord muß Gedser-Feuerschiff sein; die Tonne mit dem Taktfeuer, die jetzt in Sicht kommt, gehört zur Ansteuerung von Gedser. Ja – und dann sieht er auch schon am Horizont ein schwaches Zucken und den Widerschein eines Feuers in den Wolken: Gedser Odde!

Ilse nimmt, nachdem sie sich zwei Taschentücher um die brennenden Hände gewickelt hat, ihren Platz auf dem harten Süllbord wieder ein. Die schmale Kante kneift in die Schenkel und schnürt das Blut ab. Aber sie spürt das nicht mehr. Auch die Blasen an den Händen schmerzen nicht mehr, jetzt, da sie das Feuer sehen und sein allmähliches Wachsen verfolgen kann. Schlag auf Schlag treibt sie im Takt mit Werner und mit aller Kraft, die ihr zerschlagener Körper hergibt, die Jolle vorwärts.

Voraus, an Backbord, schiebt sich ein weißes Licht über den Horizont. Es ist heller als das Leuchtfeuer von Gedser Odde und auch klarer. Also ist es dichter bei und gehört wohl als Topplaterne zu einem in der Nähe vorbeifahrenden Dampfer. Doch das Licht wandert nicht aus. Also kein Dampfer. Aber was mag es sonst sein? Das Land ist noch zu weit entfernt, als daß es der aus einem Hause fallende Lichtschein sein könnte. Und eine weitere Tonne liegt auch nicht auf ihrem Kurs.

Nach einer Viertelstunde steigt ein weiteres Licht schräg unter dem ersten aus dem Wasser. Zwei Topplaternen? Also muß es doch ein Dampfer sein. Aber warum fährt er nicht?

Unter den beiden Lichtern wachsen viele kleine funkelnde Punkte aus der schwarzen Platte des Meeres. Das kann doch nur ein Schiff sein! Ein erleuchtetes Fahrgastschiff, das auf der Stelle liegt. »Vielleicht kaputt«, sagt Ilse, die nicht an Halluzinationen glaubt. Aber Werner belehrt sie, daß dann die Positionslaternen brennen müßten. Ein Schiff auf See, das nicht eine rote und eine grüne Seitenlaterne führt, ist entweder eine optische Täuschung . . . oder es ankert.

»Klar«, sagt Ilse, »das sind die Danskes, die mit Roulett und Transitschnaps ihre flotten Nächte außerhalb der Dreimeilenzone

zollfrei und ungestört auf See verbringen.« Und als wolle das schwimmende Grandhotel diese Worte unterstreichen, treiben jetzt sogar Musikfetzen über die nächtliche See.

Ein dänisches Schiff wäre dänischer Boden, denkt Werner, und er sagt es auch. Morgen früh laufen die sowieso nach Gedser oder Nykøbing zurück. Es wäre doch gut, dort an Bord zu gehen. Was meint Ilse dazu?

Ilse atmet erleichtert auf. Ihre Hände brennen jetzt plötzlich wieder, und im Rücken beginnen, wie auf Kommando, wehenartige, ziehende Krämpfe. Die Süllbordkante kneift in die Oberschenkel wie nie zuvor und staut das Blut zum Herzen, das wie rasend pocht. Ja, sie ist dafür, den Dampfer anzusteuern, der jetzt eine Seemeile vor ihnen in der schimmernden Pracht seiner vielen tausend Watt wie ein märchenhaft erleuchteter Palast zu ihnen hinüberfunkelt.

Werner hat noch Bedenken. Aber als er hört, daß die an Deck angebrachten Lautsprecher dänische Weisen in die Nacht trompeten, schwinden auch seine letzten Zweifel. »Merkwürdig wenig Menschen auf dem Kahn«, sagt er zu Ilse. Aber Ilse beruhigt ihn: »Die sind doch alle an der Bar. Was sollen die denn nachts an Deck umherstehen? Und ›blau‹ sind sie ohnehin.« Das leuchtet Werner ein. Er hält auf den Musikeimer zu, der mit jedem Meter höher vor ihnen aus dem Dunkel ragt, bis sie auf Rufweite herangekommen sind.

Da sind ja doch Menschen an der Reling!

Er ruft auf dänisch, so gut er es kann, zum Dampfer rüber: »He, er de Dansker?« Doch die Musik verschluckt seinen Ruf. So steuert er ein an der Bordwand ausgebrachtes Fallreep an und gerät unversehens in den Lichtschein von drei Reihen strahlender Bullaugen.

Jetzt sieht man dort sein braunes Segel und wird aufmerksam. »Er de Dansker? Seid ihr Dänen?« wiederholt er seinen Ruf. Die Leute an der Reling winken ihm zu, er solle längsseit kommen. Und sie rufen etwas zu ihm hinüber, das er nicht versteht und deshalb für Dänisch hält. Einer winkt ihm mit einem Tampen zu – ein deutliches Zeichen, daß man ihnen helfen will.

Schon hat Ilse eine Leine an die unterste Fallreepstütze gebunden und steht auf der Gräting neben der Jolle. Auch Werner steigt über.

Die Leute auf dem Dampfer tragen weiße Mützen und haben freundliche Gesichter. Sie nehmen die beiden Segler in ihre Mitte und führen sie ein paar Schritte zur halb geöffneten Tür des Decksalons. Die Lautsprechermusik kreischt wie auf einem Jahrmarkt; man kann kaum sein eigenes Wort verstehen.

Und doch hören Werner und Ilse gleichzeitig ein seltsam knackendes Geräusch hinter sich. Sie wenden den Kopf – und erstarren zur Salzsäule: Am Fallreep sind zwei uniformierte Posten aufgezogen, deren NVA-Schulterstücke ihnen lähmendes Entsetzen in die Adern jagen. – Blitzartig erkennen sie: Das Knacken war das Durchladen ihrer Maschinenpistolen, deren kurze Läufe sich mit eindeutiger Drohung gegen sie richten. Und das Schiff ist kein Schiff, sondern eine Falle.

Die Männer mit den weißen Mützen sind jetzt gar nicht mehr freundlich. Ehe Ilse und Werner richtig verstehen, was mit ihnen passiert, hat man sie schon ins Innere des Dampfers gezerrt. Sie befinden sich an Bord des DDR-Fahrgastschiffes VÖLKERFREUNDSCHAFT, das hier, vier Meilen vor Gedser, vor Anker liegt.

Und damit endet der Fluchtversuch von Ilse und Werner.

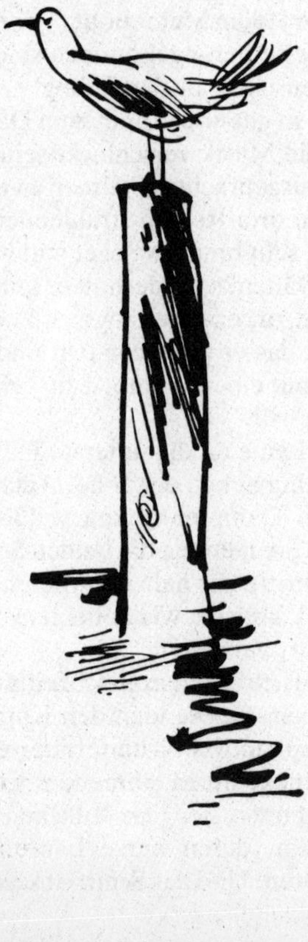

Gefährliche Reise

Mit knapper Not entkommen

Es ist eine warme, dunkle Juninacht des Jahres 1978. Ort der Handlung: Der Darß – eine schmale Landzunge im Norden der DDR, welche die Boddengewässer bei Barth von der Ostsee abtrennt. Man hört nichts als das Rollen der Gummireifen auf dem Kiesweg und das Knacken der Pedale. Peter und Gertrud sind mit ihren Fahrrädern unterwegs. Peter schleppt einen schweren Anhänger mit durch den Sandboden, und Gertrud hat beide Packtaschen mit allem vollgestopft, was nur eben hineinging.

Sie kommen von Rostock, wo sie zu Hause sind. Es sind von dort nur 35 Kilometer bis zum Darß. Sie benutzen Nebenstraßen, von denen man ihnen gesagt hat, sie seien frei von Kontrollen. Und sie vermeiden alle Ortschaften. Fast acht Stunden brauchten sie für die Strecke. Aber nun sind sie hier, auf der schmalen Nehrung von Fischland, wo der Darß beginnt und wo die Landzunge zwischen dem Saaler Bodden und der Ostsee an manchen Stellen nur knapp zwei Kilometer breit ist. Niemand hat sie gefragt, was sie des Nachts in dieser Gegend suchen und was es mit ihrem seltsamen Gepäck für eine Bewandtnis hat. Das ist fast wie ein Wunder, denn die Maschen des großen Netzes sind hier im Sperrgebiet der DDR besonders eng geknüpft, und es gibt viele Späher hierzulande. Doch Peter ist klug. Er weiß, wie er sich zu verhalten hat und daß dies die einzige Chance ist, das Land ungehindert zu verlassen.

Jetzt ist es 01.00 Uhr, und sie halten am sandigen Küstenstreifen zwischen Dierhagen und Wustrow in einer stillen Ecke. Sie sichern sorgfältig nach allen Seiten, aber die Luft scheint rein zu sein. Nur das Dünengras raschelt im frischen Nordwest; alle anderen Laute werden durch das monotone Rauschen der Dünung verschluckt.

Sie verstecken ihre Fahrräder in den Dünen hinter Ginsterbüschen und schleppen den Anhänger und das übrige Gepäck an den Strand. Aus dunklen Leinwandsäcken kommen hölzerne Rippen und Stäbe zum Vorschein; eine dunkelrote Gummihaut entpuppt sich als der Bauch eines Zweierfaltbootes. Es dauert keine halbe Stunde, dann haben sie das Boot zusammengesetzt. Spitze, aufblasbare Gummibeutel werden als Schwimmkörper in den Vor- und Achtersteven geschoben, Schwimmwesten angelegt und zum Schluß die Packtaschen und der Bootswagen im Sand vergraben. Sie brauchen das alles nicht mehr.

Dann tragen sie das Boot ins Wasser. Während Gertrud mit hastigen Paddelschlägen den Steven gegen die am Ufer brechenden Wellen hält, schiebt Peter das Boot ins tiefe Wasser. Dann springt er hinein und schaufelt sich mit kräftigen Paddelschlägen einen Weg durch die Brandung des Küstenstreifens. Nach wenigen Minuten hat die Nacht sie verschluckt. Die See wird handiger; eine einknöpfbare Spritzdecke schützt sie gegen überkommendes Seewasser; die grünen Leuchtmarken an Werners Armbandkompaß weisen ihm den Kurs nach Nordwesten. Dort will er hin; dort liegt Dänemark; dorthin schafften schon viele Freunde den Weg in die Freiheit.

Hauptsache ist, sich nicht von den flinken Motorbooten der Seegrenzpolizei erwischen zu lassen. Die liegen hier, wie überall an der Küste, stets auf der Lauer, um solche Leute wie sie abzufangen. Da nützt einem alle Schlauheit nichts; da braucht man einfach Glück, viel Glück! Aber sie werden es schon schaffen.

Der Nordwest mag mit vier Windstärken wehen. Das ist harte Arbeit, wenn man 25 bis 30 Seemeilen gegenan bis zur dänischen Küste paddeln muß. Schiebewind von achtern wäre besser gewesen. Aber wann weht schon mal der Wind aus Südost? – Dann ist Nordwest schon besser, jedenfalls besser als Dwarssee, die ein kleines Boot leicht kentern lassen kann. Also heißt es kräftig paddeln, immer vierkant gegen Wind und Seegang an, und die Nase des Bootes mit Schwung durch die kurzen, steilen Wellen schieben. Das ist zwar etwas naß, aber sie haben ihre Öljacken an, und das Spritzverdeck hält das Bootsinnere trocken.

Viele Stunden harter Arbeit liegen vor ihnen. Doch sie sind trainierte Sportsleute, die mit ihrem Boot an jedem Wochenende und im Urlaub auf Fahrt gehen. So ziehen sie also ihre Paddel im Gleichtakt durchs Wasser, ohne nur einmal »aus dem Tritt zu kommen« – eine Stunde, drei Stunden, fünf Stunden – bis es hell ist und sie meinen, die weißen Felsen von Gedser Odde müßten bald voraus an Steuerbord auftauchen.

In der gleichen Nacht hat Paul mit seiner Motoryacht MAASHOLM in Bagenkop auf der dänischen Insel Langeland festgemacht. Er ist von Flensburg aus auf Urlaubsfahrt nach Kopenhagen. Morgen früh will er zeitig aufbrechen und im Windschutz der Lolland-Küste bis Falster laufen. Wenn es bis dahin abflaut, soll die Fahrt außen um Gedser gehen. Falls der Nordwest aber tagsüber durchsteht, werden sie durch den Guldborgsund und Storstrøm laufen. Dort ist es geschützter.

Paul steht um 06.00 Uhr auf und purrt seinen Jungen, der ihm beim Ablegen helfen soll. Anke, seine Frau, und die Kleine können weiterschlafen. Der Skipper und seine Crew sind solche Seereisen gewohnt. Sie machen wenig Aufhebens von Hafenmanövern: Paul wirft die Leinen los; der Junge nimmt die Fender rein und klariert die Tampen. Und schon schippert die MAASHOLM mit halber Fahrt gemütlich in den Morgen hinein.

Die See ist hier im Großen Belt ziemlich ruppig. Aber bald haben sie Landschutz, und gegen Mittag wird Nysted querab sein. Vielleicht kann man dort zur Mittagszeit eine Stunde anbinden. Kochen auf See ist für seine Frau nicht das richtige. Zu einem guten Essen braucht sie ein ruhigliegendes Schiff. Unterwegs mag es höchstens mal zu einem Kaffee langen; mehr ist nicht drin. Aber sie macht wenigstens mit, und das ist die Hauptsache.

Es ist ein schöner Morgen. Die Sonne scheint Paul ins Gesicht. Das Meer glitzert wie flüssiges Silber, und der Wind schiebt von achtern mit. So macht die Seefahrt Spaß!

Gegen 08.00 Uhr klettert Anke aus ihrer Koje und kommt zu den Männern in die Plicht. »Na, Käptn, wo sind wir denn? Kann man Rødby schon sehen?« – Die üblichen Morgengespräche. Paul will Kaffee haben, und der Junge hat Hunger auf ein paar dicke Scheiben Weißbrot mit salziger dänischer Butter. Der Kocher flammt auf. Bald summt der Fleutpott, und der Duft von frisch gemahlenem Kaffee zieht Paul in die Nase.

Zwei Stunden später haben sie die Insel Hyllekrog querab. Sie halten schön frei von der Rødsand-Untiefe, welche die Nysted-Bucht nach Süden abriegelt. Mittendrin führt eine Rinne nach Nysted. Der Skipper ruft: »Anke, setz schon mal die Kartoffeln auf. Um 12.00 Uhr legen wir an!«

»Vati«, sagt der Junge auf einmal, »was kommt da für ein merkwürdiges Schiff?«

Paul greift zum Kieker: Ein Schnellboot jagt mit hoher Fahrtstufe nach Norden. »Vielleicht ein dänischer Zollkreuzer«, antwortet er.

Der Junge blickt durchs Glas. »Nee«, sagt er, nachdem er eine Weile durchs Okular gestarrt hat, »das ist kein Danske; der hat so eine komische deutsche Flagge ›mit was drin‹.«

Mit was drin? Mal sehen. »Mensch, Junge – das ist doch ein DDR-Boot! Es hat Hammer und Zirkel in der Flagge! Was hat der denn vor?«

Das Schnellboot steuert jetzt mit Braßfahrt Nordwestkurs. Die See wird von seinem scharfen Steven in zwei wehende Standarten aus Wasserstaub zerteilt, die sich zu beiden Seiten des Bugs in die Luft recken. Das Brummen der starken Dieselmotoren ist lauter als das Maschinengeräusch der MAASHOLM. Im Kieker erkennt man mehrere Leute, die auf dem Kommandostand stehen und mit Gläsern die Wasserfläche zwischen der Motoryacht und sich beobachten. Was die wohl suchen?

Peter und Gudrun haben während der Nachtstunden gegen den Seegang angepaddelt. Nach der ersten Stunde kommen die bekannten Muskelschmerzen in Kreuz und Oberarmen. Das ist nichts Besonderes – man muß nur tüchtig weitermachen, dann vergehen die Schmerzen von selbst; nach einer weiteren Stunde merkt man schon nichts mehr. Dann heben und senken sich die Blätter der Paddel automatisch. Der Körper wird eine Maschine, eine gut geölte und gepflegte Paddelmaschine: Links, rechts; links, rechts. Wellenberge, Spritzwasser. Links, rechts; links, rechts. Wellenberge, Spritzwasser. So geht das Stunde um Stunde. Die Muskeln spannen sich im Takt. Zwei Stunden, vier Stunden – Gertrud und Peter ist es gleich. Wenn sie nur Nysted bis Mittag erreichen und von der DDR-Seepolizei verschont bleiben! Deshalb halten sie sich auch in angemessenem Abstand von Gedser, denn dort laufen die Fährschiffe der DDR ein und aus. Es ist sicherer, den weiteren Weg bis Nysted zu wählen.

Nachdem sie in den Morgenstunden die weißen Klippen von Gedser Odde weitab zur rechten Hand ausgemacht haben, tauchen zwei Stunden später voraus zwei Türme an der Kimm auf. Falls ihr Kurs stimmt, muß es das Schloß Ålholm sein und daneben die Nysteder Kirche. Nun ist es nicht mehr weit! Wenn das Faltboot von den Kämmen der Seen hochgehoben wird, kann man schon Einzelheiten klar erkennen.

Während Peter und Gudrun sich ausrechnen, um wieviel Uhr sie in Nysted an Land gehen können, dringt schräg von achtern her das tiefdröhnende Brummen schwerer Schiffs- oder Flugzeugmotoren an ihr Ohr. Das Brummen rollt wellenförmig gegen den Wind an bis zu ihnen hin. Flugzeuge sind nicht zu sehen; ihre Geräusche wären auch schneller ausgewandert.

Das Brummen aber kommt langsam und gleichmäßig von achtern auf sie zu. Das können nur Schiffsmotoren sein! Ob man ihre Fahrräder in den Dünen entdeckt hat und sie nun auf See sucht? Oder ist ihre Flucht beobachtet worden? Aber dann hätten sie die Suche doch nicht erst jetzt nach so vielen Stunden begonnen. Nein, es kann nichts sein, das mit ihnen zusammenhängt. Also weiter: links, rechts; links, rechts – nicht umsehen, nicht nervös werden. Es wird schon nichts sein. Außerdem steuert von Backbord her eine weiße Motoryacht unter der Küste entlang. Vielleicht kommt das Brummen von ihr.

Das Brummen verstärkt sich. Es kommt jetzt nicht mehr wellenweise, sondern es klingt fast wie das dunkle Orgeln schwerer Küstenartillerie. Sie kennen diese Geräusche gut; sie sind an der See zu Hause. Ihre letzten Zweifel über die Herkunft der Brummgeräusche werden rasch beseitigt: Als sie auf dem Kamm einer See rasch in die Runde schauen, sehen sie drei Meilen achteraus an Steuerbord den schlanken

Rumpf eines Schnellbootes durch die Seen preschen. Das Schnellboot hält fast den gleichen Kurs wie sie. Es sieht aus, als wolle es sie mit einer Meile Abstand überholen.

Die Nationalität ist noch nicht auszumachen. Es kann ebensogut ein dänisches oder westdeutsches wie ein DDR-Boot sein.

Sicher ist sicher, denkt Peter, und er drückt mit ein paar Paddelschlägen den Bug seines Bootes nach Backbord, um dadurch seinen Kurs dichter an den der Motoryacht heranzuführen. Weiße Motoryachten sind auf alle Fälle harmlosere Fahrtgenossen als möglicherweise an der Dreimeilenzone jagende graue Wölfe.

Wenn Peter tüchtig auslegt, kann es ihm gelingen, den Kurs der Motoryacht zu kreuzen, bevor das Schnellboot herangekommen ist. Verdammt – jetzt haben die Burschen ihren Kurs geändert! Sie halten direkt auf das Paddelboot zu. Das kann nichts Gutes bedeuten!

Peter winkt der Motoryacht zu, aber die scheint sie noch nicht ausgemacht zu haben, weil sie die Sonne im Rücken haben. Und ihr kleines, rotes Boot ist nur ein winziger Punkt auf der glitzernden weiten Fläche der bewegten See.

Die Yacht ist nur noch dreihundert Meter entfernt. Peter versucht, sich durch Schreien bemerkbar zu machen. Das Schnellboot ist schon ganz nahe, aber Peter und Gertrud können die Flagge immer noch nicht genau erkennen. Die Silhouette kommt ihnen allerdings bekannt vor. Es muß ein DDR-Schiff sein! Die sind wohl verrückt geworden, sie hier, außerhalb der Hoheitsgewässer der DDR, zu jagen!

»Heeh!« schreit Peter zur Motoryacht hinüber, »heeh, hooh!« Die *müssen* doch jetzt das rote Boot leuchten sehen!

Paul hat die Manöver des Schnellbootes mit einiger Besorgnis beobachtet. Er hat dessen Abdrehen nach Westen verfolgt und sieht nun das graue Schiff mit hoher Fahrtstufe auf sich zukommen. Segler und Motorbootfahrer haben immer ein mulmiges Gefühl, wenn sich ihnen auf See ein Dienstfahrzeug nähert. Entweder handelt es sich dann um Schießübungen, und man will sie aus dem Sperrgebiet vertreiben, oder ein Zollboot hält auf der Suche nach Schnapsschmugglern einen harmlosen Urlauber an. Alles unangenehme Dinge, die Aufregung und manchmal auch Umwege bedeuten. Aber ein DDR-Boot hier drüben, weit außerhalb der Hoheitsgewässer seines Landes? Das ist etwas ganz Merkwürdiges. Paul rechnet mit Ärger, wenngleich er wirklich ein reines Gewissen hat.

Paul greift noch einmal zum Kieker: Er erkennt jetzt sogar die

Gesichter der Männer auf der Brücke und sieht ihre Flagge mit Hammer und Sichel steif nach achtern auswehen. Die Wache hängt mit den Ellenbogen über dem Brückenschanzkleid und hält ebenfalls die Gläser an die Augen gepreßt. Doch sonderbarerweise haben sie ihre Gläser nicht auf seine Yacht gerichtet, sondern auf einen Punkt hart Steuerbord voraus, wo außer der glitzernden See gar nichts zu sehen ist.

»Heeh!« klingt es da auf einmal schwach an sein Ohr. Oder hat er sich getäuscht? Er geht mit der Fahrt herunter, um das Brummen seines eigenen Diesels zu drosseln. Aber das Schnellboot dröhnt so laut, daß es alle anderen Geräusche überdeckt. Nicht einmal das Rauschen der See ist zu hören. Und doch vernimmt er voraus an Steuerbord ein zweites Mal den schwachen Ruf »Heeh, hooh!«. – Da zeigt der Junge auch schon mit dem Finger auf einen Punkt im Wasser, knapp hundert Meter vor ihnen. Ein roter Punkt? Eine Tonne? – Nein, ein Paddelboot! Jetzt sieht Paul es deutlich. Zwei Menschen sitzen darin, die wie rasend auf ihn zupaddeln. Und der eine hebt auf dem Kamm einer See plötzlich die rechte Hand und winkt. Und dazu schreit er »Heeh, hooh!«

Jetzt weiß Paul, was die Männer im Schnellboot suchen. Nicht ihn, sondern den Flüchtling suchen sie; den Ausreißer wollen sie fangen. Nach zwei bis drei Minuten werden sie ihn längsseit genommen haben. Und dann ?

»Banditen!« knurrt Paul. Ohne ein Wort zu seiner Frau und den Kindern zu sagen, die hinter den Glasscheiben des Ruderhauses die Manöver des Schnellbootes beobachten und atemlos das Drama verfolgen, das vor ihren Augen in der gleißenden See abrollt, schiebt er den Gashebel nach vorn. Die beiden Diesel heulen auf. Paul wirbelt das Ruder hart herum. Es gibt für ihn jetzt nur eins: den Leuten da draußen im Faltboot helfen. Er weiß, es geht um Sekunden. Er denkt nicht daran, wie gefährlich die Wölfe sind, denen er die Beute abjagen will. Instinktiv tut er seine Griffe, und die Motoryacht schert mit Vollgas in einer großen Schleife nach achtern an das kleine Boot heran.

Paul weiß, daß er die Insassen nicht so schnell bergen und in Sicherheit bringen kann. Aber er weiß auch, daß diese Situation etwas von ihm fordert, das ihm noch niemals zuvor abverlangt wurde. Und ihm wird blitzartig klar, daß die einzige im Augenblick durchführbare und sofort wirksam werdende Hilfe darin besteht, sich zwischen das Schnellboot und die Paddler zu legen und dem Flüchtling mit der

eigenen weißen Flanke Schutz zu bieten.

Sorgfältig peilt er über die Laternenhalterung an Backbord das Heck des Faltbootes an. Noch zehn Meter. Dann reißt er den Gashebel zurück, schaltet den Motor auf Rückwärts und gibt wieder Vollgas: Die Yacht steht ohne Fahrt genau neben dem roten Faltboot. Der Steven der MAASHOLM stampft in der Dünung auf und nieder. Paul gibt nur so viel Gas, daß er die Nase im Wind behält. Der weiße Rumpf seines Schiffes deckt das kleine Boot gegen die Sicht der Beobachter auf dem Schnellboot.

Jetzt muß schnell gehandelt werden, bevor die Burschen eine Runde drehen, um ihre Beute von der anderen Seite her einzufangen. Zuzutrauen ist ihnen alles! Paul denkt in diesem Augenblick nicht daran, daß er sich selbst, seine Familie, sein Schiff einer sehr großen Gefahr aussetzt. Er hat nur einen Gedanken: Den armen Teufeln muß geholfen werden!

Peter hat das Manöver der weißen Motoryacht aufmerksam verfolgt. Er hat sofort erfaßt, daß der fremde Skipper ihm helfen will. Als er sieht, daß auf der Yacht hart Ruder gelegt wird und man versucht, mit Vollgas abzudrehen, glaubt er einen Augenblick, die Yacht wolle sich aus dem Aktionsbereich des Schnellbootes entfernen. Damit wäre zugleich auch Gertruds und sein Schicksal besiegelt gewesen. Aber dann erkennt er rasch, worauf der Yachtskipper hinauswill. Er setzt sich mit ein paar kräftigen Paddelschlägen dicht neben die MAASHOLM und hält sich dort auf gleicher Höhe im Schatten der weißen Bordwand, die sich vor das Schnellboot geschoben hat.

Mit einigen Pulls geht er alsdann bei der Yacht längsseit. »Enter auf!« ruft er Gertrud zu. Von oben packen ein paar Fäuste kräftig zu, und schon liegt Gertrud auf den Grätings im Cockpit. Peter bindet geistesgegenwärtig die Fangleine an eine Relingsstütze des Motorbootes und folgt mit einem Satz seiner Frau auf das rettende Schiff.

Die Männer auf dem Schnellboot haben das Rettungsmanöver der westdeutschen Motoryacht genau verfolgt. Sie sind bis auf hundert Meter herangedampft. Ohne Fahrt steht das mächtige Boot in der See. Paul und die Flüchtlinge halten den Atem an. Jetzt kann eigentlich nichts anderes kommen als die Aufforderung, längsseit zu gehen und die Flüchtlinge zu übergeben. Notfalls unter Androhung von Waffengewalt.

Aber auf dem grauen Schiff hat man wohl erkannt, daß der

Versuch, den Ausreißern den Weg abzuschneiden, mißglückt ist. Und nun hat man das Interesse an diesem Unternehmen verloren. Vielleicht hat man auch über Funk neue Order eingeholt; oder es stört die Nähe der dänischen Küste und die Möglichkeit etwaiger diplomatischer Konflikte. Wer weiß das schon.

Jedenfalls brüllen plötzlich die Maschinen los; der Bug des Schnellbootes hebt sich aus dem Wasser; die Propeller werfen schäumend meterhohen Heckschwell auf – und mit Höchstfahrt dreht das Schnellboot nach Südosten ab. Nach wenigen Minuten ist es im Niemandsland der offenen See.

Paul hievt das Faltboot an Deck und nimmt Kurs auf Nysted. Wenig später übergibt er die Flüchtlinge den dänischen Hafenbehörden, die deren Weiterreise in die Bundesrepublik veranlassen. Als Peter und Gertrud in der Eisenbahn sitzen, hat die weiße Maasholm längst wieder Kurs auf Gedser genommen. Als wenn nichts gewesen wäre.

Berichte von der See

Wenn man in Illustrierten oder in der Tagespresse liest, was die sporttreibende Menschheit heute alles so fertigbringt, kommt man aus dem Staunen nicht heraus. Sportler besteigen ohne Sauerstoffmaske die höchsten Gipfel der Erde, überqueren auf Surfbrettern weite Meeresräume, tauchen tief unten auf dem Meeresboden nach verschollenen Wracks, fliegen wie Habichte mit ihren Segeldrachen durch die Lüfte, umsegeln einhand die Antarktis oder lassen sich mit einem Heißluftballon quer über den Nordatlantik treiben. Wie bescheiden nimmt man sich selbst dagegen aus!

Dabei vergißt man ganz, daß die Medien immer nur über herausragende Einzelleistungen berichten. Nur selten vernimmt man, sofern man nicht gerade Fachliteratur liest, etwas über die Erlebnisse von »normalen« Leuten, »Menschen wie du und ich«, obgleich die bestimmt auch einiges zu erzählen hätten.

Etwa zehn Millionen Menschen betreiben alleine in Europa Wassersport. Unter ihnen nehmen die Segler und Motorbootfahrer einen breiten Raum ein. Doch um das, was ihnen tagtäglich so widerfährt, kümmert sich nur selten ein Reporter oder Kommentator. Deshalb wird in diesem Kapitel über einige solcher Schicksale berichtet, und auch darüber, was einem auf See so passieren kann.

»Erzähltes Segeln ist wie ein beschriebenes Mittagessen«, hat ein berühmter Mann einmal gesagt. Wie wahr! Deshalb halten sich die nachfolgenden Reportagen streng an nüchterne Fakten. Nur die Namen der vorkommenden Personen und Schiffe sowie die Schauplätze der Handlungen wurden frei gewählt.

Der Mann auf der Tonne

Protokoll eines Seeunfalls

James Forster hatte sich zu seinem vierzigsten Geburtstag von seinen Lieben einen typischen Seglerwunsch erfüllen lassen – einen Ostsee-Törn mit der Familie. »Die Familie« – das war sein Weib Kathy (38), Mark (14), Filius und Absolvent einer teuren Public school, sowie Susan, das Küken (11), die zur Zeit die Bänke der Secondary school drückte. Alle drei segelten schon einige Jahre mit dem Vater an der englischen Ostküste – zuerst auf kleineren Schiffen, dann mit der GAY LADY. Aber sie taten es, ohne für die Segelei eine ähnliche Leidenschaft zu empfinden wie der Skipper. Auch das war wohl typisch, und sie stellten somit das Bild einer ganz normalen Seglerfamilie dar. Vielleicht erklärt dies etwas den Ablauf der nachfolgend geschilderten Ereignisse.

Die Forsters wohnten in Grimsby an der Humber-Mündung, wo James sein gutes Auskommen als Steuerberater hatte. Vor drei Jahren konnte er aus zweiter Hand die GAY LADY kaufen – eine guterhaltene Zehn-Meter-Slup vom Typ RIVAL 34'. Damit hatte er einen guten Griff getan, denn die »Fröhliche Dame« besaß herrliche Linien, bot vier Personen reichlich Platz und garantierte gutes Verhalten im Seegang sowie schnelle Reisen über lange Strecken.

Der Geburtstagstörn fand im Sommer 1971 statt. Sie hatten dafür vier Wochen Zeit und brauchten sich nicht zu hetzen. Von Grimsby aus segelten sie zunächst auf direktem Kurs nach Helgoland. Das dauerte 48 Stunden. Sie legten auf der Insel eine zweitägige Pause ein, schipperten sodann über Brunsbüttel durch den Nord-Ostsee-Kanal bis Kiel und erreichten so die Ostsee.

Von dort aus war es bis Dänemark nur ein Katzensprung. Zunächst sahen sie sich im idyllischen Archipel der geschützten Gewässer südlich von Fünen um. Dann gingen sie durch den Großen Belt und besuchten die Insel Samsø. Von hier waren es nur sechzig Seemeilen bis Anholt, dem mitten im Kattegat gelegenen paradiesischen Eiland, das selten ein Segler auf seinem Weg nach Norden ausläßt. Hier hielten sie sich einige Tage auf. Aber dann zog es sie in die westschwedischen Schären.

Nach einer kurzen Zwischenstation auf der im nördlichen Kattegat gelegenen Insel Læsø liefen sie zwei Tage später bei Göteborg in den schwedischen Schärengürtel ein. In diesem überaus reizvollen Steingarten segelten sie im Schutz der Felsen nach Norden – von Ort zu Ort, von Insel zu Insel –, bis sie nach einer Woche in Strömstad ankamen, dem nördlichsten Hafen Westschwedens, dicht vor der norwegischen Grenze. Hier machten sie kehrt und schipperten gemütlich nach Göteborg zurück.

Mit dem Wetter hatten sie auf ihrer Reise bisher viel Glück gehabt. Bis auf ein kleines, flaches Regentief über Südnorwegen, dessen stürmischer Ausläufer sie einen Tag auf Samsø eingeweht hatte, war ihnen die Sonne treu geblieben. Von Strömstad bis Göteborg hatte der Nordost stetig mit drei bis vier Beaufort geweht. Und auch sonst war die Reise problemlos und durchaus harmonisch verlaufen. So war es kein Wunder, daß die Stimmung an Bord gelöst und heiter war. Eine Geburtstagstour, wie sie nicht besser hätte sein können.

Die GAY LADY hatte außerhalb des Göteborger Hafens im Yachthafen von Saltholmen festgemacht. James und seine Crew besichtigten zwei Tage lang die Stadt am Ausgang des Göta-Kanals. Dann machten sie abends ihr Schiff klar, übernahmen Wasser, Diesel und Proviant und trafen alle Vorkehrungen, um am nächsten Morgen zeitig auslaufen zu können. Diesmal sollte es wieder ein Törn über die offene See werden; und zwar wollten sie von Göteborg aus das Kattegat an seiner schmalsten Stelle überqueren. Von den schwedischen Außenschären bis zum dänischen Seehafen Skagen an der Nordspitze Jütlands waren es nur etwa dreißig Seemeilen, also bei dem zur Zeit herrschenden Nordost ein Törn von fünf bis sechs Stunden.

In Skagen wollten sie dann wieder zwei Tage Pause machen. Danach sollte die Reise entlang der jütländischen Nordseeküste bis Tyborøn gehen und von dort dann quer über die Nordsee zurück nach Hause. Sturmtiefs waren nicht angesagt; so konnte man bei der herrschenden Nordost-Wetterlage den Trip über die Doggerbank getrost wagen. Zum Schulbeginn würden sie auf jeden Fall rechtzeitig wieder daheim sein.

Der Skipper hörte nachts noch einmal das Wetter ab. Aber der Wetterbericht für die nächsten Tage ergab nicht viel Neues. Ein stabiles Hoch mit Kern über Finnland sorgte weiter für Nordost- bis Ostwind, Stärke zwei bis vier. Einzelne Nebelfelder, besonders in den Morgenstunden, waren möglich; sonst herrschte tagsüber gute Sicht.

Morgens um 06.00 Uhr legte die GAY LADY vom Yachthafen Saltholmen ab. James wollte die zehn Seemeilen durch das gewundene, verzwickte Schärenfahrwasser unter Maschine zurücklegen. Der zwanzigpferdige Bukh-Diesel brummte zufrieden, als die Yacht die Inselchen Lerholmen und Stangerholm passierte und kurz darauf hinter der Untiefentonne Gulldisken nach Norden abdrehte. Im Rivöfjord hielt James sich schön frei von den Kuskärs-Steinen und steuerte auf 220 Grad die Insel Böttö an.

Die Morgenluft war lau; der Nordost schob leicht von achtern mit; die Sonne kam genau über der Straßenbrücke des Älvsborgssundes hinter einer graublauen Wolkenbank zum Vorschein. Sie beleuchtete stechend scharf das unübersichtliche Gewirr der fast unzählbaren Schären, Inseln, Pricken, Tonnen, Baken vor ihm. Außer dem

Brummen des Diesels war kein Geräusch zu hören.

James war ganz alleine auf dem Rivöfjord. Kein anderes Fahrzeug zeigte sich; nicht einmal die Anwesenheit eines Fischerbootes deutete darauf hin, daß das Labyrinth von Menschen bewohnt war. – Dem Skipper wurde unheimlich zumute. Er kam sich in dieser gigantischen Felsenlandschaft plötzlich klein und irgendwie verloren vor. Über nichts hätte er sich in diesem Augenblick mehr gefreut, als über das Auftauchen eines winzigen Angelkahnes. Aber die GAY LADY blieb das einzige Schiff in der Stein- und Wasserwüste des Rivöfjords.

Hinter Böttö ging James auf Westkurs. Sechs Seemeilen waren es noch bis zur Vinga-Ansteuerungstonne. Sein Kurs führte mitten durch ein Gebiet mit zahllosen Untiefen und niedrigen Schären.

»Mensch, Skip«, wollte Mark wissen, der neben ihm auf der Ruderducht Platz genommen hatte, »wieso weißt du eigentlich, wo es hier lang geht?«

»Gewußt wo!« antwortete James grinsend und griff zur Seekarte. »Hier sind wir«, sagte er und zeigte auf das Gewirr von Linien und Zeichen. »Und das hier ist die Tonne Bifrostgrund; die muß an Backbord bleiben. Als nächstes folgt Halskär an Steuerbord. Danach die Insel In-Vinga Nord wieder an Backbord. Und dann muß man die Ansteuerungstonne Vinga-West allmählich voraus ausmachen können. Die brauchen wir dringend. Dahinter beginnt die offene See!«

Susan schlief noch, als Kathy mit ein paar belegten Broten und zwei Muggen schwarzen Kaffees im Niedergang erschien: »Hier, ihr tüchtigen Männer, laßt es euch gut schmecken. Was sollten wir zwei schwachen Weiber wohl ohne euch Helden anfangen?«

Als Kathy das Wort »Helden« aussprach, zuckte James zusammen. Man sollte so etwas nie sagen. Und schon gar nicht beim Segeln. Es war genauso verpönt wie Pfeifen an Deck oder das Wetter loben. Um sich abzulenken, ließ er Mark die Genua am Vorstag anschlagen und das Großsegel setzen. Zum Vorheißen drehte er die GAY LADY kurz in den Wind. Das Segel knatterte am Mast, also waren es etwa drei bis vier Windstärken. Gute Backstagsbrise für Skagen!

Er fiel ab, ging auf Kurs, fierte die Schot weit auf, stellte den Motor ab und ließ von Mark die Genua setzen. Mal sehen, ob sie hinter dem Großsegel zog. Wenn nicht, mußte man, sobald sie die Schären hinter sich hatten, den Spinnaker setzen. Aber das hatte Zeit; dazu brauchten sie auch die Mädchen an Deck.

Jetzt zog die GAY LADY mit gut sechs Knoten Fahrt zischend durch das glatte Wasser des Schärenfeldes. Mit den zwei weißen Schaum-

634
Im Rivø-fjord

streifen ihres Kielwassers markierte sie den Kurs achteraus auf dem vom Widerschein der Sonne blinkenden Wasser.

James hatte seinem Sohn die Pinne übergeben und war mit dem Fernglas aufs Vorderdeck geklettert. Die Tonne Vinga-West mußte doch längst zu sehen sein! Sie konnten nur noch zweieinhalb bis drei Meilen von ihr entfernt sein und hatten dazu noch die Sonne im Rücken, also optimale Sichtbedingungen. Seltsam – wo mochte die Tonne abgeblieben sein? Eine für die Ansteuerung Göteborgs derart wichtige Fahrwassermarkierung hatte man sicher nicht einfach eingezogen. Und vertrieben konnte sie auch nicht sein; es hatte in den letzten Tagen keinen Sturm gegeben. Aber wo war sie . . .?

Als er darüber nachdachte, hörte er voraus einen schwachen Heulton. Es klang wie eine Schiffssirene. Doch ein Schiff war nirgendwo zu sehen. Es konnte auch die Vinga-Tonne sein – aber warum sah er sie dann nicht?

Da ihm die Genua die Sicht nach vorn versperrte, stellte er sich ganz vorne an den Steven und lehnte sich mit der Schulter ans Vorstag. Hinter seinem Rücken wölbte sich die Segelfläche der Genua riesengroß in den Himmel; voraus aber – ja, voraus war nichts. Kein Schiff, keine Tonne – nichts. Nur immer wieder dieser sonderbare Heulton. Etwas lauter jetzt, aber immer noch nicht exakt zu orten.

Sie hatten die Skarpenbock-Schäre soeben passiert. Es war der letzte Felsen auf ihrem Kurs nach Dänemark – nun lag die weite, offene See vor ihnen. Die auf der Schäre stehende Bake verschwand achteraus an Steuerbord. Einen Augenblick später war sie im Dunst verschwunden.

Im Dunst . . .? James wandte seinen Blick nach achtern: Tatsächlich – die Sonne hatte einen weißen Mantel übergezogen. Und von den Schären war kaum noch etwas zu sehen. Das mußte Nebel sein, der Schrecken aller Seefahrer.

James entsann sich der Wettervorhersage vom Abend. Hatte der Sprecher nicht etwas von »Seenebel in den Morgenstunden« gesagt? Nun war der Nebel da. Was für ein Glück bei allem, daß er sie nicht innerhalb der Schären erwischt hatte!

»Steure genau 265 Grad«, rief er dem Rudergänger zu, »und halte den Kurs! Nicht abfallen oder anluven – es ist wichtig!« Sie mußten die Vinga-West-Tonne unbedingt zu fassen kriegen. Nur wenn sie diese Tonne eindeutig ausmachten, konnten sie ihre Position exakt bestimmen. Und das war wesentlich für die Navigation im Nebel.

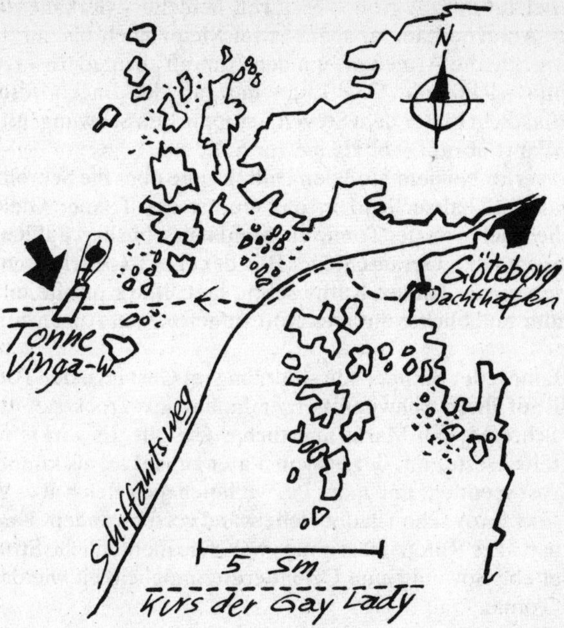

James hatte den Kurs bis Skagen schon in die Karte eingetragen: ab Vinga-West 277 Grad. Sofern der Wind durchstand, konnten sie binnen fünf Stunden in Skagen sein. Sie würden die Nebelbank durchqueren und später die jütländische Küste klar erkennen können. Er wußte mit Nebel umzugehen; er war nicht umsonst ein britischer Küstenschipper.

Nun hörte er wieder den verdammten Heulton. Eigentlich war das gar nicht so übel – half das Geheul ihm doch die Tonne zu finden. Wenn man nur die Richtung besser peilen könnte! Im Nebel klang alles so verzerrt. Er reckte den Kopf nach vorn und schwenkte die Ohren wie Radarschirme hin und her: Mal schien es von Backbord zu heulen, mal von Steuerbord.

Da war es wieder! Diesmal sehr laut und genau voraus! »Anluven!« rief er Mark zu, denn er befürchtete, er würde die Tonne rammen. Er hörte noch Marks »Aye, aye, Skip«. Aber da kam es auch schon aus dem Nebel auf ihn zu: groß, riesig, rot, heulend – vierkant von vorn!

Marks Anluven kam zu spät – zwei Meter noch bis zur Tonne – James streckte die Arme vor, um den Anprall abzufedern – rrumms – die Tonne packte die GAY LADY hart an der Backbordseite des Vorschiffs, dicht hinter dem Steven – stoppte den Schwung ihrer Fünf-Knoten-Fahrt abrupt – boxte sie zur Seite . . .

James verlor bei dem Stoß den Halt, kippte über die Seereling nach vorn und griff haltsuchend in das Gerüst der Tonne. Gleichzeitig prallte die Yacht von der Tonne ab. Stahl knirschte hart auf Kunststoff – ein schreckliches Geräusch! Der Bug der GAY LADY trieb schon zwei Meter neben der Tonne; Kathy schrie laut; Mark quirlte hilflos mit dem Ruder und blickte mit angstvoll aufgerissenen Augen zur Tonne hinüber.

Und James, der Skipper? Ja – der hing im Gestänge der Tonne und zog sich auf ihren Schwimmkörper hinauf ins Trockene. Er hörte Kathys Schreien, sah Marks ängstliches Gesicht. Es wirkte wie eine verzweifelte Geste, mit der er dem Vater zuwinkte, als könne er ihm damit Trost spenden: Laß man, Pa, wir holen dich gleich ab. – Aber da war die GAY LADY schon in der Nebelwand verschwunden. Und James wußte, daß alles Rufen jetzt sinnlos war. Die menschliche Stimme bot im Nebel ebensowenig eine Orientierungsmöglichkeit wie der Heulton der Tonne.

Mark war bei dem Stoß fast von der Ducht gerutscht. Er hatte die Tonne überhaupt nicht gesehen, da die Genua ihm den Blick nach Backbord voraus versperrte. Unter Deck klirrte Porzellan; die Mutter schrie erschrocken auf; Susan kam verstört an Deck und hielt sich den Kopf – der Stoß hatte sie aus ihrer Koje geschleudert.

Dann aber überschlugen sich für den Jungen die Ereignisse. Es war erstaunlich, wie viele Eindrücke sein Gehirn innerhalb weniger Sekunden wahrnehmen und sogar speichern konnte: der unerwartete Stoß, das Knirschen der GFK-Außenhaut, das seitliche Abprallen des Stevens, Pa's Stolpern über die Seereling und sein Festklammern am Tonnengerüst, das Rauschen der Genua beim Entlangschieben an der Tonne, sein zu spät eingeleitetes Anluvmanöver, das schließlich dazu führte, daß die GAY LADY von der Tonne zur Seite geschleudert wurde und sich dann von ihr entfernte.

Mark hatte die Yacht um fast neunzig Grad anluven lassen. Die losen Schoten hingen im Wasser, und die Segel knatterten im Wind; die GAY LADY stampfte im leichten Seegang ohne Fahrt auf der Stelle;

die Tonne mitsamt dem Skipper war in der weißen Watte des Nebels verschwunden.

Kathy rief ihm zu, er solle sofort umdrehen und zurück zur Tonne segeln, um den Vater aufzupicken. Mark ließ die GAY LADY abfallen, bis der Großbaum mit einem Knall überkam und die Genua back stand. Es war ein miserables Manöver, und der Vater hätte ihn dafür angeschnauzt. Aber Mark war vollkommen durcheinander.

Die Yacht hatte jetzt einen großen Kreis beschrieben, doch die Tonne hatten sie nicht entdeckt. Mark meinte, ihren Heulton irgendwo vage achteraus zu hören; er konnte indes auch von rechts oder links kommen oder von ganz woanders her. Zu sehen war jedenfalls nichts. Und auch seine verzweifelten Rufe »Pa, Pa – wo bist du? Melde dich doch!« blieben ohne Echo. Die Mutter schrie ihn an, er solle doch, um Gottes willen, irgend etwas tun. Aber was er tun solle, konnte sie ihm auch nicht sagen.

Am sinnlosesten war auf jeden Fall, mit killenden Segeln hier ohne System in die Irre zu fahren. – »Dann stell doch wenigstens den Motor an!« rief Kathy. Doch Mark fand es zu riskant, denn bei laufender Maschine hatten sie überhaupt keine Chance mehr, etwaige Rufe des Vaters zu hören. Nein, sie mußten sofort ankern, um sich durch planloses Hinundherfahren nicht zu weit von der Tonne zu entfernen. Irgendwann würde sich der Nebel ja mal auflösen, und sie könnten den Vater dann an Bord nehmen. Mark hatte sich die Seekarte angesehen: Rund um die Tonne waren als Wassertiefen Zahlen zwischen 39 und 44 angegeben. Das mußten *feet* (Fuß) sein. Es reichte dicke fürs Ankern.

Er übergab Kathy das Ruder und ließ sie in den Wind drehen, damit er mit Susans Hilfe die Segel wegnehmen konnte. Als die Plünnen geborgen und festgezurrt waren, ging er ins Vorschiff, um zu untersuchen, welche Schäden die Ramming dort verursacht hatte. Offenbar keine. Das Laminat war an keiner Stelle gerissen, geplatzt oder ausgebeult. Da konnte man sehen, welche Stöße ein gutgebauter GFK-Rumpf aushielt. Vom Vordeck aus beugte er sich sodann über die Seereling. Doch außer einer abgesplitterten Scheuerleiste und einigen tiefen Schrammen in der Außenhaut konnte er keine Beschädigung des Rumpfes erkennen.

Die GAY LADY machte jetzt keine Fahrt. Mark machte den Danforth-Anker klar, fierte ihn außenbords und steckte die gesamte Kette – etwa hundert Fuß. Aber es war merkwürdig – der Anker faßte keinen Grund. Dabei war das Wasser hier doch nur dreißig bis vierzig

Fuß tief. Die GAY LADY legte sich hinter der senkrecht im Wasser stehenden Kette langsam in den Wind. Das war ein gewisser Erfolg, aber Ankern, nein, Ankern war das nicht. Jedenfalls nicht so, wie er das vom Vater her gewohnt war: vor steifer Kette im Strom zu schwojen oder im Schwell vor der Küste das Einrucken der Kette bei jeder See zu spüren.

»Schalte doch mal das Echolot ein«, riet Kathy auf gut Glück. Sie hatte bisher überhaupt nicht mitbekommen, was die Kinder da vorne trieben. – Klar, das Echolot! Das war eine gute Idee. Mark schaltete es auf mittleren Bereich: Die Leuchtdiode zeigte 41. Nun verstand der Junior die Welt überhaupt nicht mehr – 41 Fuß Wassertiefe, und die hundert Fuß lange Kette faßte keinen Grund. Unglaublich! Er zog noch einmal an der senkrecht stehenden Kette – der Anker ließ sich leicht anheben, also war er ohne Verbindung mit dem Meeresgrund.

Die kleine Schwester hatte ihm aufmerksam zugesehen. »Du . . .«, sagte sie, »und wenn die Schweden hier nun gar nicht nach Fuß messen?« – Wonach denn sonst? Mark blockte ihre blöde Frage unwirsch ab; was verstand die Lütte denn schon von solchen Dingen. Aber sicherheitshalber warf er doch noch einen Blick auf die Karte: Es war eine *schwedische*. Und die Tiefenangaben waren in *Metern* angegeben und nicht in Fuß wie auf den Karten der britischen Admiralität, die sie zu Hause benutzten. Ja, und das moderne Echolot zeigte natürlich auch in *Metern* an. Auf der Skala stand deutlich ein »m«. Mein Gott, warum war er nicht gleich darauf gekommen!

»Ma«, rief er, »wir können hier nicht ankern! Es ist viel zu tief!«

»Dann laufe zurück in die Schären«, forderte Kathy mit großer Entschiedenheit. »Wir können Vater doch nicht ewig auf der Tonne sitzen lassen! Entweder suchen wir ihn so lange, bis wir ihn gefunden haben, oder wir laufen in die Schären zurück, um Hilfe zu holen. Können wir denn nicht über Funk jemand alarmieren?«

Mark winkte ab. Funk konnten sie getrost vergessen. Mit dem Seefunkgerät wußte nur der Vater umzugehen. Niemand außer ihm hatte eine Ahnung vom Funkbetrieb. Und auch in die Schären zurücklaufen ging nicht. Der Wind stand gegenan, und das Kreuzen zwischen den Felsen verbot sich von selbst. Aber auch mit Maschine war es zu riskant. Sie wußten nicht genau, wo sie standen; die Küste war gespickt mit steinigen Untiefen; der Nebel verwehrte ohnehin jegliche Sicht. Sollten sie die GAY LADY zu allem Unglück etwa auch noch auf die Klippen jagen?

Aber was dann? Kathys Hände zitterten vor Aufregung: Allein auf

See mit den Kindern. Und der Skipper hockte auf einer Tonne irgendwo im Kattegat. Wahrlich ein echter Horror-Schocker! Schon die Vorstellung konnte einen Menschen um den Verstand bringen. Dies aber war *Wirklichkeit*!

Mark hatte sich inzwischen etwas näher mit der vom Skipper vorsorglich bereitgelegten Kattegat-Seekarte befaßt. Von Vinga-West aus hatte James einen Strich nach Skagen gezogen. Darüber hatte er mit Bleistift den Kurs vermerkt: »277° a. K.« (im Klartext: Kompaßkurs 277 Grad). Daneben stand der Hinweis »32 Seemeilen = 5 Stunden«.

»Mann«, sagte Mark und nahm alle Kraft zusammen, um gefaßt und männlich zu wirken, »also hier können wir nicht länger blind umhergurken. Das kostet wertvolle Zeit und bringt sonst gar nichts. Und zurück in die Schären ist bei Nebel viel zu gefährlich. Laßt uns deshalb lieber die fünf Stunden nach Skagen segeln. Von dort aus können wir dann mit Göteborg telefonieren und veranlassen, daß Pa von der Tonne abgeborgen wird.«

Kathy war so mit den Nerven fertig, daß sie mit allem, was Mark vorschlug, einverstanden gewesen wäre. Sie jammerte zwar noch ein wenig und lamentierte, daß man den Skipper doch nie und nimmer allein auf der Tonne sitzenlassen könne. Aber da hatten die Kinder schon Segel gesetzt und den Anker binnenbords geholt. Vielleicht war ihr Entschluß, nach Skagen zu segeln, falsch; vielleicht war er richtig. Wer konnte das schon wissen? Immerhin hatten sie sich zu etwas entschlossen, das weder den Vater gefährdete (der ja unverletzt, wenn auch etwas unbequem, auf seiner Tonne saß) noch sie alle und die Yacht in Gefahr brachte.

Im schlimmsten Fall würde der Skipper in sechs bis sieben Stunden geborgen sein. Wenn sich der Nebel lichtete, auch früher. Falls ein vorüberfahrendes Schiff ihn zufällig entdeckte, vielleicht schon in einer oder zwei Stunden.

So trösteten sie die Mutter und steuerten genau den vom Vater angegebenen Kurs 277 Grad. Dabei wahrschauten sie sorgfältig ringsum, ob sie Nebelsignale oder Schraubengeräusche hörten, welche die Annäherung an andere Schiffe bedeuten konnten. Jede Minute gab Susan mit dem Typhon das für Segelboote vorgeschriebene Nebelsignal.

Als sie so zwei Stunden lang ins Ungewisse geschippert waren, riß das ausgedehnte Nebelfeld an einigen Stellen auf. Um 10.30 Uhr betrug die Sichtweite schon eine Meile. Um 11.00 Uhr kam die Sonne durch. Und gegen 12.30 Uhr schoben sich Skagens Türme über die Kimm. Eine Stunde später lagen sie gut vertäut an der »Alten Pier« von Skagen. Sie hatten die Leinen noch gar nicht fest, da war Kathy schon zum Hafenmeister gerannt, um Rettungsmaßnahmen für den Skipper einzuleiten.

Nachdem James sich am Tonnengerüst auf den Schwimmkörper gehievt hatte, war er zunächst froh: Die GAY LADY schien durch den Stoß kaum beschädigt worden zu sein; Kathy und die Kinder würden die Segel bergen und unter Motor so lange um die Tonne Kringel drehen, bis sie ihn geortet hatten und an Bord nehmen konnten. Er war fest davon überzeugt, daß die Verbindung mit ihm nicht abreißen würde. Man mußte nur etwas Geduld haben. Sie würden ihn schon abholen; schließlich heulte das dicke Faß ja laut genug.

Es war in der Tat ein mächtiger Koloß, auf dem James gelandet war – ein sogenannter Leucht-Heuler, also eine Kombination von Leuchtfeuer und Nebel-Schallzeichen. Der Turm ragte an die drei Meter hoch über ihm in den Himmel. Auf seiner Spitze trug er das Leuchtfeuer, auf dem die Prismenkörper des Radarreflektors montiert waren. Schwimmkörper und Gestänge der mächtigen Tonne waren signalrot angestrichen. Da der Schwimmkörper einen Durchmesser von fast anderthalb Metern hatte, bot er dem Skipper eine Plattform, auf der er bequem sitzen konnte. Außen am Schwimmer waren ringförmige Griffe angeschweißt – wohl als Leiter für das Wartungspersonal oder Schiffbrüchige. Über ihm im Gestänge befand sich ein Kasten, aus dessen vier Seitenwänden je ein Signalhorn ragte.

Und diese Teufelshörner waren es, die ihm fast das Gehirn aus dem Schädel bliesen. Alles wäre zu ertragen gewesen – die Schaukelei, der morgendliche Ostwind, der seine feuchtgewordenen Hosenbeine kühl umstrich, sogar dieses blöde Gefühl der Verlassenheit (obgleich er doch gar nicht verlassen war!), ja selbst Hunger und Durst. Nur nicht dieser in regelmäßigen Abständen erst leise anschwellende, dann sich verstärkende und zum Schluß mit unerträglichem Fortissimo dröhnende Posaunenschall – er war schlimmer als alle Polizeihörner und Luftschutzsirenen von Grimsby zusammen.

James versuchte herauszukriegen, wie dieser Apparat funktionierte – elektrisch, mit Gas betrieben oder durch die Eigenbewegung der Tonne im Seegang. Doch er gab es bald auf. Es gab ja auch so viele Systeme: Membransender, Kolbensirenen, Zungenhörner und viele andere. Er hatte die Unterschiede früher mal gekannt, aber inzwischen vergessen. Es war ja auch egal – Krach machten sie alle. Er saß jedenfalls hier auf seiner Kattegat-Tonne und hielt die Arme über den Ohren verschränkt, um sich gegen diesen Teufelslärm ein wenig abzuschirmen. Auch wenn es nicht viel nützte.

Wenn der Heuler eine Pause machte, rief er, so laut er konnte: »Hallo, hört ihr mich? Hallo, GAY LADY – hey – hoooh!« Aber es kam kein Echo. Die Geräusche um ihn herum überdeckten alles andere. Die kurzen Wellen brachen sich klatschend am Schwimmkörper; die Dünung hob und senkte ihn in rhythmischen Intervallen; der Strom drehte die Tonne unablässig um ihre eigene Achse; der Wind brach sich rauschend im Gestänge, das im Seegang knarrte und ächzte wie ein alter, hölzerner Kirchturm. Wie konnte so eine Heultonne überhaupt knarren? Egal – sie knarrte!

Der Skipper blickte auf seine Armbanduhr. Eine halbe Stunde war schon vergangen! Und nichts war von der GAY LADY zu hören oder zu sehen. Mein Gott, was mochte dort jetzt los sein? Niemand an Bord hatte viel Ahnung von der Seefahrt. Er hatte sich auch nie richtige Mühe gegeben, ihnen etwas beizubringen. Sie konnten am Ruder Kurs halten und die Segel bedienen, beim An- und Ablegen helfen und zur Not auch mal eine Leine ausfahren. Aber mehr war nicht drin.

Und nun waren sie alleine auf See. Und dazu noch in einem fremden Land, dessen Sprache sie nicht verstanden. Wenn sie nun versuchten, nach Göteborg zurückzusegeln, um Hilfe zu holen? Sie hätten dazu den Rivöfjord aufkreuzen müssen – nein, es war unmöglich, bei Gegenwind heil durch die Schären zu kommen. Auch unter Motor hätten sie es nicht geschafft. Die Einfahrt nach Göteborg von Westen her durch die Nebenfahrwasser war zu kompliziert. Vielleicht könnten sie es schaffen, wenn sie außen um Vinga herumgingen und es von Südwesten über den Großschiffahrtsweg zum Götakanal versuchten. Aber auch dieser durch den Vingasund führende Weg war riskant, wenn man nichts von Navigation verstand. Und dann der Nebel! Nein, zurück konnten sie nicht.

Er zerbrach sich den Kopf, um sich an Details der schwedischen Seekarte zu erinnern. Aber je stärker er sich darauf zu konzentrieren versuchte, desto mehr liefen seine Gedanken aus dem Ruder. Ihm fiel plötzlich ein, daß er auf der Kattegat-Karte bereits den Kompaßkurs eingetragen hatte. Wenn sie diese Eintragung entdeckt hatten, waren sie womöglich nach Skagen weitergesegelt. Aber würden sie es wirklich fertigbringen, ihn auf der Tonne seinem Schicksal zu überlassen?

Es schien ihm unwahrscheinlich. Aber was konnten sie sonst unternommen haben?

Er war müde. Wenn er den Arm um eine Strebe schlang und die Hand in die Tasche steckte, saß er verhältnismäßig sicher auf seiner schaukelnden Plattform. Der Gedanke beruhigte ihn, und die Erschöpfung ließ ihn trotz des Lärms ein wenig einnicken. Nur für ein paar Minuten...

Als er die Augen aufschlug, war wieder eine halbe Stunde vergangen. Demnach hatte er fest geschlafen. Doch was war das...? Die Nebelwand hatte sich anscheinend ein wenig aufgehellt! Besonders dort, wo er die Sonne vermutete, durchdrang ein heller Schein das Grau des Himmels. Manchmal schien es sogar, als könne er die Konturen der runden Sonnenscheibe schwach erkennen. Ob der Nebel sich lichtete?

Um 10.00 Uhr hatte er die Hoffnung, daß die GAY LADY ihn aufpicken würde, endgültig aufgegeben. Er konnte nur hoffen, daß seine Crew weiter nach Westen auf die offene See gesegelt war und nicht ostwärts in Richtung Schären. Um 11.00 Uhr brach die Sonne durch; wenig später konnte er im Südosten die verschwommenen Konturen der Insel Vinga und ein paar darauf befindliche Baken erkennen. Die Entfernung zur Insel mochte anderthalb Meilen betragen.

Wenn der höllische Spektakel der Nebelhörner über seinem Kopf nicht gewesen wäre, hätte er sich halbwegs behaglich gefühlt. Bald würde die Sicht klar sein, und das erste vorbeikommende Schiff würde ihn entdecken. Alles weitere war eine reine Organisationsfrage. Wo die GAY LADY auch gelandet war (ausgenommen auf den Klippen vor Göteborg!) – in ein paar Stunden würde er wieder an Bord sein.

Als er drei Stunden auf der Tonne gehockt hatte, näherte sich von See her ein Fischkutter, der direkten Kurs auf die Ansteuerungstonne nahm. James befürchtete, man werde sein Rufen wegen des Motorengeräuschs nicht hören. Deshalb kletterte er am Tonnengerüst ein Stück in die Höhe und schwenkte seine gelbe Ölhaut kräftig hin und her. Fünf Minuten später saß er im Logis des Kutters – neugierig bestaunt von den Fischersleuten, die seine Story nicht recht zu glauben schienen – und stärkte sich mit einer Mug Kaffee und einem wärmenden Schluck aus der Aquavitbuddel des Käptns. Es war jetzt 11.30 Uhr.

Da der Kutter ohnehin zum Fischereihafen wollte, stand James

A 3

schon anderthalb Stunden später im Göteborger Hafenamt, um sich zu erkundigen, ob man dort etwas über das Schicksal der GAY LADY und ihrer Besatzung gehört habe. Man war sehr freundlich zu ihm, konnte aber nicht mit einschlägigen Neuigkeiten dienen. Man versprach ihm aber, über Funk und Telefon die Küstenstationen abzufragen, und empfahl ihm, sich während der nächsten Zeit im Hafenamt aufzuhalten.

Es hatte noch keine dreißig Minuten gedauert, da rief ihn der Hafeninspektor aufgeregt an den Apparat: »Schnell, Skipper, ich habe Ihre Frau an der Strippe. Sie ist in Dänemark!« Tatsächlich, es war Kathy, die gerade in Skagen an Land gestiegen war und vom Hafenmeisterbüro aus telefonierte.

»James«, rief sie, während ihr die Tränen über die Wangen liefen, »bist du es wirklich? Ich bin ja so glücklich!«

Bald darauf fuhr der Skipper mit der planmäßigen Schnellfähre übers Kattegat nach Frederikshavn, der Hauptstadt von Nordjütland. Von dort waren es nur noch 25 Kilometer bis Skagen, die er per Taxi zurücklegte. Und so verbrachte er die Nacht tatsächlich schon wieder auf seiner GAY LADY.

Am nächsten Morgen umsegelten sie Kap Skagen und waren abends in Tyborøn. Von dort nahmen sie tags darauf direkten Kurs auf die Humber-Mündung – eine Strecke von 340 Seemeilen, für deren Bewältigung sie dank des ihnen immer noch freundlich gesonnenen Schiebewindes aus Nordost nur 52 Stunden benötigten.

Ein Happy-End also? – Der glückliche Abschluß eines Seeunfalls, der so unwahrscheinlich schien, daß alle Leute James auslachten, denen er davon berichtete? Wo war je so etwas passiert? Wann hatte man je gehört, daß ein Mann von seinem Boot auf eine Tonne katapultiert worden war? Sicherlich nur ein Gag. Und nicht einmal ein guter!

Gag hin, Gag her – offenbar war so etwas gar nicht so selten. Oder hatte die »Duplizität der Ereignisse« gar ihre Hand im Spiel? Jedenfalls las der Skipper um die Weihnachtszeit desselben Jahres in der GRIMSBY POST folgende Notiz:

SCHWARZER HUMOR AUF SEE

Kevin und Barbara B. aus dem an der Themsemündung gelegenen Ort Sheerness wollten ihr Weihnachtsfest im französischen Kanalhafen Calais verbringen. Als gestandene Segler benutzten sie für die Überfahrt statt der Fähre ihren eigenen Kreuzerkatamaran.

Doch schon kurze Zeit nachdem sie Sheerness verlassen hatten, gerieten sie in ein für diese Jahreszeit nicht ungewöhnliches, pottendichtes Nebelfeld.

Bald hatten sie die Orientierung verloren, fanden aber durch Zufall eine Fahrwassertonne. Kevin kletterte auf dieselbe, um genau zu lesen, um welche Tonne es sich handele. Offenbar war er aber nicht ganz »knotenfest«, denn ehe er sich versah, war der Katamaran nebst Frau Barbara davongetrieben und vom Nebel verschluckt.

16 (!) Stunden verbrachte der verlassene Ehemann auf der Kanaltonne. Seine Frau, die erst nach dem Abfeuern mehrerer roter Signalpatronen entdeckt wurde, konnte die Position der Tonne nur ungefähr schätzen. Deshalb machte sich ein Hubschrauber der Royal Air Force daran, die rund 500 Tonnen in dieser Gegend abzusuchen. – Doch welch Wunder! Schon beim fünften Versuch hatte er Glück: Kevin B. wurde aufgefischt – stark abgekühlt, aber sonst wohlerhalten.

Der Skipper meinte nach seiner Rettung: »Unser Weihnachtsfest wollen wir jetzt aber in aller Ruhe zu Hause in England verbringen.«

Den Artikel trägt James seitdem immer bei sich, damit er ihn allen Leuten zeigen kann, die nicht glauben wollen, daß ihm im Sommer '71 etwas Ähnliches widerfahren war.

Und da sagen die Menschen, es gäbe heute keine Abenteuer mehr ...

Strandgut

Geschichte eines Herbsttörns

Arnos Thetis hatte drei Jahre lang auf der Elbe in der Marina Wedel/Schulau gelegen. Aber jedes Wochenende nach Helgoland segeln war nichts. Auch auf Urlaubsreisen bot die lange Westküste bis Skagen wenig Reize. Für den Limfjord ging die Thetis leider zu tief. Na, und dauernd durch den Kiel-Kanal in die Ostsee, das war auch nicht das Gelbe vom Ei für einen Eigner mit einem sonnenbesessenen Ehegespons und einem dicken, hochseefähigen Schiff.

Arno, genauer Arno Johann Berger (57), war ein wohlhabender

Kaffeeimporteur vom Hamburger Sandtorquai. Er segelte von Kindesbeinen an – zuerst mit dem Vater, später auf eigenen Schiffen – Langtörns und Seeregatten auf Nord- und Ostsee. Im Alter von 35 Jahren heiratete er Silke, die Tochter eines begüterten Fabrikanten aus dem Kohlenpott. Sie begleitete ihn brav auf allen seinen Segeltörns, konnte aber trotz besten Willens nie die gleiche große Begeisterung für die Segelei empfinden wie ihr Mann.

Bald stellten sich Kinder ein, die, als sie größer wurden, dem Skipper eine Reihe von Jahren auf seinen Reisen tüchtig zur Hand gingen. Aber immer nur auf Vaters Boot...? Man lebte sich langsam auseinander. Als dann noch die jüngste Tochter aus dem Haus ging, weil sie geheiratet hatte, verkaufte Arno seine THETIS VI, eine wundervolle, in England für Langfahrten gebaute Hochseeslup, und sah sich nach einem bequemeren Untersatz um, auf dem zwei »in die Jahre gekommene« Eheleute ihren Lebensabend ohne allzugroße Strapazen unter südlicher Sonne verbringen konnten.

Der Makler Poggenpohl aus Nordenham hatte, was Arno suchte: einen fast vier Meter breiten, ketschgetakelten Motorsegler vom Typ Gulfstream 42'. Er war vor drei Jahren am Long Island Sound bei Harriot's in Bridgeport (USA) für einen deutschen Käufer unter Lloyds Aufsicht extrem stabil aus superverstärktem GFK gebaut worden, für Hochseefahrten bestens ausgerüstet und mit 100 A 4 optimal klassifiziert. Da der Preis akzeptabel war und Arno das Schiff und seinen bisherigen Eigner dazu noch von der Elbe her kannte, griff er rasch entschlossen zu.

Schon am nächsten Wochenende machte er mit Frau Silke und seinem alten Freund und Mitsegler Mattes die Jungfernreise nach Helgoland. Alle waren begeistert: Die THETIS VII war ein prächtiges Schiff und genau das Richtige für ältere, sonnenhungrige Leute, die Zeit hatten.

Arno hatte lange darüber nachgedacht, wie er seinen und seiner Silke Lebensabend am besten gestalten könne. Daß sie viel Zeit auf dem Wasser verbringen würden, war klar. Gerade dafür hatte er den dicken Motorsegler ja erworben. Nord- und Ostsee fielen flach, weil Silke an Bord immer fror und sie ihr Schiff schließlich auch mal in den Wintermonaten bewohnen wollten. Bahamas, Bermudas und Karibik waren zu weit von Hamburg entfernt, denn Arno mußte sich als Seniorpartner hin und wieder im Büro seiner Firma sehen lassen.

Also auf ins Mittelmeer! Aber wohin dort? An der spanischen Küste und auf den Balearen war ihnen das Getümmel zu groß. Die Côte d'Azur war ohnehin überfüllt. Bei Sardinien und Korsika störten die umständlichen Fährverbindungen zum Festland. Und die Adria war ihnen als Segelrevier zu eng. Die Ägäis war wohl der richtige Platz für sie. Marinas gab es in Lavrion und auf der Insel Spetsai; dazu die Athener Yachthäfen: Zea in der Bucht von Phaliron, Glyphada und Vouliagmeni. Syros lag günstig, war im Winter aber zu unruhig; Bodrum und Rhodos waren gute Winterhäfen, lagen jedoch zu weit ab. Nun, man würde sehen – irgendein ruhiges, sicheres Plätzchen würde sich für die THETIS schon finden lassen.

Anfang September 1975 wollte Arno seine THETIS ins Mittelmeer bringen lassen. Er bat seinen Prokuristen, der sich mit allen Transportangelegenheiten befaßte, Vorbereitungen zur Verladung der THETIS zu treffen. Einige Tage später kam er mit etlichen Formularen und einer Zeichnung des Ladeprofils der Bundesbahn im Maßstab 1:50 zu Arno ins Büro. Sie wollten versuchen, das Schiff in diesem Profil unterzubringen. Dabei stellten sie fest, daß ihnen einige Maße fehlten, weil die erforderlichen Abmessungen im Meßbrief nicht eingetragen waren und die Werft keinen Hauptspantriß mitgeliefert hatte. Mit Hilfe eines befreundeten Vermessers lagen am nächsten Wochenende alle Abmessungen vor. Es stellte sich jedoch heraus, daß die Bundesbahn gerade keinen ausreichend langen Tieflader zur Verfügung hatte und die Breite von vier Metern erst recht nicht unterzubringen war.

Da ein Dampfer, der die Yacht als Decksladung ins Mittelmeer mitnehmen könnte, zur Zeit nicht zu finden war, blieb also nur der Straßentransport. Als Zugfahrzeug könnte man einen Lkw der eigenen Firma verwenden. Wo aber war der erforderliche Tieflader zu finden? Der Prokurist rief eine Bootsspedition an. Der Transport würde keine allzugroßen Schwierigkeiten bieten, weil von Hamburg bis zu den nördlichen Adriahäfen durchgehend Autobahn benutzt werden konnte. Als vorsichtiger Geschäftsmann erkundigte er sich auch nach den Kosten. Arno war gewohnt, erhebliche Summen zu disponieren. Doch als er die Höhe der Transportkosten erfuhr, wurde er etwas blaß: Ausnahmetransport von vier Metern Breite unter ständiger Polizeibegleitung auf über 1500 Kilometer. Der Posten war beachtlich.

Nur gut, daß Arno mit den Vorbereitungen so früh begonnen hatte! Vielleicht war der Weg über Gironde und Garonne durch den sehr schönen Canal du Midi möglich? Leider auch nicht, weil dort der höchstzulässige Tiefgang nur einen Meter sechzig betrug.

Außen herum, durch den Kanal, über die Biskaya, durch die Straße von Gibraltar, an Sizilien und Kreta vorbei bis nach Athen, das war für seine Crew, die nur aus seiner Frau und seinem Freund Mattes bestand, doch etwas zu strapaziös. Deshalb war er froh, über eine Anzeige in einer Seglerzeitschrift eine süddeutsche Crew zu finden, die schon einige Überführungen gemacht hatte. Er schloß ab und hatte nur die Kosten für den Dieselkraftstoff zu übernehmen. Die THETIS sollte, wie ursprünglich vorgesehen, bis in die obere Adria gebracht werden. Von dort aus wollten Arno und seine Crew nach Süden segeln, um mit dem neuen Schiff vertraut zu werden und um die Adria kennenzulernen, in die man wohl nicht so schnell wieder kommen würde. Am 1. September sollte die THETIS im italienischen Yachthafen Lignano-Aprilia Marittima sein. So sah Arno seine THETIS in den ersten Juli-Tagen mit etwas bangem Herzen, geführt von einer fremden Crew, elbeabwärts im Dunst verschwinden.

Vom Skipper hatte er für die Überführung einen genau ausgearbeiteten Reiseplan bekommen, aber Arno war anfangs doch recht nervös. Erst die pünktlich ein- bis zweimal wöchentlich eingehenden Lagemeldungen seines Skippers beruhigten ihn schließlich. Aus Cagliari berichtete er ihm, daß sie bereits in Italien einklariert hätten und das Boot damit im Besitz des *Costituto*, des erforderlichen italienischen Schiffspapiers, sei. Die Überführungscrew habe die Liegeplatzsteuer für einen Monat übernommen. Länger würde Arno nicht in Italien bleiben.

Am 27. August kam die Meldung, daß die THETIS in Lignano eingelaufen sei und bis zum 3. September noch gründlich überholt würde. Daraufhin flogen Arno, seine Frau und Mattes nach Venedig, um dort einige schöne Tage zu verbringen. Am 3. September gingen sie an Bord. Schiffsübergabe und Abrechnung waren in wenigen Stunden erledigt. Am Abend lud Arno die Überführungscrew und seine Leute zu einem großzügigen Langustendinner ein, bei dem die Wogen der Stimmung hoch gingen.

Am nächsten Tag lief die THETIS ohne alle Formalitäten aus. Das Ausklarieren hatte die Marina besorgt. Der Golf von Triest wurde überquert und in Piran in Jugoslawien einklariert. Arno bekam das erforderliche *Permit of Navigation*. Dann gingen sie um Kap Savudrija herum nach Süden. Es war ein herrlicher Tag mit klarem, blauem Himmel und leichtem Wind aus West bis Nordwest.

Die THETIS hatte ihre größten Segel gesetzt. Mit Besanstagsegel und der großen Genua waren es über 110 Quadratmeter. Die Maschine war abgestellt. Der Autopilot hatte die Rolle des Rudergängers übernommen.

Bald nachdem sie Kap Savudrija an der Nordwestecke Istriens passiert hatten, konnten sie bei achterlichem Wind den Spinnaker setzen und brauchten für die rund fünfzig Seemeilen bis Pula nur knapp acht Stunden. Eine stolze Leistung für einen dicken Motorsegler. Der Skipper strahlte! Und da sagten die Leute immer, Motorsegler seien weder Yacht noch Motorboot – sozusagen die »Ochsen« der See.

Den nördlich von Pula liegenden Brioni-Inseln kamen sie nicht zu nahe. Dort war die Residenz von Staatschef Tito, und das Seegebiet um die kleine Inselgruppe war Sperrgebiet.

Pula selbst war eine recht einladend aussehende Stadt. Die für Yachten zur Verfügung stehenden Piers lagen direkt unterhalb eines riesigen römischen Amphitheaters, dahinter die romantische Altstadt. Pula war nach wie vor Kriegshafen, zahlreiche Fischer hatten hier ihren Liegeplatz, einige Werften waren im Hafengebiet ansässig. Von idyllischer Ruhe konnte man also nicht sprechen, die hätte man eher in Veruda, einer landschaftlich sehr schön gelegenen Bucht mit moderner Marina, gefunden. Aber nun war man schon einmal hier, und eine von Leben erfüllte südliche Stadt im Hintergrund, in der Nähe ein Kai, an dem Lampenfischer neben Lampenfischer lag, das war auch nicht schlecht.

Die THETIS-Crew studierte im Cockpit die Karten und beratschlagte, wie es weitergehen solle. In großen Zügen einigte man sich auf folgenden Plan:

Die jugoslawische Adriaküste entlangsegeln bis Dubrovnik. Unterwegs die Kornaten anlaufen und die anderen schönsten Plätze der dalmatinischen Inselwelt. Von Dubrovnik aus würde ihr Kurs dann im vorgeschriebenen Abstand von zwölf Seemeilen an Albanien vorbei durch die Straße von Otranto ins Ionische Meer führen. Korfu, Levkas und Ithaka würden sie besuchen, durch den Golf von Korinth segeln, durch den Kanal von Korinth motoren und dann Athen anlaufen. Von dort aus würden sie für die THETIS ein passendes Winterquartier suchen. Man würde sehen ...

Zunächst ging es ihnen aber darum, Pläne für die nächsten Tage zu machen. Nach eingehendem Studium der Karte einigten sie sich darauf, über den Kvarner zur Insel Cres hinüberzusegeln, falls das

Wetter schön blieb. Zehn Seemeilen waren es bis Kap Kamenjak, dem südlichsten Punkt der istrischen Halbinsel, von dort dann noch einmal 20 bis 25 Meilen bis Osor, einem kleinen Hafen an einer großen Bucht zwischen den Inseln Cres und Lošinj. Einen Tag lang würde man in Osor bleiben und dann nach Pag oder gleich nach Zadar weitersegeln.

So saßen die drei also in Pula an Deck der THETIS und machten sich Gedanken über den Verlauf des nächsten und der folgenden Tage. – Mit Plänen, die Segler abends machen, hat es indes so seine eigene Bewandtnis. Es gibt erfahrene Skipper, die überhaupt keine Pläne machen. Sie entscheiden sich im Morgengrauen, kurz vor dem Auslaufen, anhand der Wetterlage spontan für das, was sie in den nächsten drei Stunden tun wollen. Länger und weiter könne man, so meinen sie, überhaupt keine Reiseplanung auf See betreiben, denn Wind und Wetter änderten sich (auch im Mittelmeer – oder hier vielleicht sogar besonders!) von Stunde zu Stunde. Ihrer Meinung nach bleibt ein kurzfristig planender Skipper viel flexibler in seinen Entschlüssen als derjenige, dessen Reise bis ins letzte vorgeplant ist. Vor allem aber sollte man sich immer eine Tür offenlassen, sozusagen als Fluchtweg, um niemals in Zugzwang zu geraten.

Arno war kein Skipper der übervorsichtigen Sorte. Er segelte schon zu lange auf den unwirtlichen Gewässern des Nordens, als daß er sich hier im milden Klima des Mittelmeeres über Zugzwang auf See und mögliche Fluchtwege Gedanken gemacht hätte. Er hatte ein starkes, sicheres Schiff, achtete auf gute Seemannschaft und besaß überdies eine »Wetternase«, die ihn schon oft vor drohenden Gefahren gewarnt hatte – lange bevor dies der Radiowetterbericht oder das Barometer tun konnten.

Hatte er nicht fast vier Jahrzehnte lang seine Schiffe immer heil in einen Hafen gebracht? Na also! Wenn es auch nicht immer der Hafen gewesen war, auf den er es abgesehen hatte, war es doch ein Hafen gewesen. So hatte er es auf der Nordsee gehalten; so hatte es sich im Kattegat und auf der Ostsee bewährt; so würde er es auch auf mediterranen Gewässern machen. Wasser war schließlich Wasser und ein Schiff ein Schiff – ob nun hier, in der Nordsee oder in der Südsee.

Trotzdem hätte er zur Nacht gern einen zuverlässigen Seewetterbericht gehabt. Nur so, zur Kontrolle seiner eigenen Prognose, versteht sich. Zu Hause hatte er sich über die Empfangsmöglichkeit von Wetterberichten in der Adria nicht informiert, und nun konnte er seinem bewährten Grenzwellenempfänger die vertraute Ansage aus

Kiel, Norddeich oder Rügen nicht entlocken. Er schüttelte verwirrt den Kopf. So hatte er sich das nicht vorgestellt. Er wußte nicht, daß er den Wetterbericht der »Deutschen Welle« verpaßt hatte. Die Sendezeiten der jugoslawischen Wetterberichte, die auch in Englisch und teilweise in Deutsch ausgestrahlt werden, und die entsprechenden Frequenzen kannte er nicht. Zum Abhören des italienischen Wetterberichtes reichten die Sprachkenntnisse nicht aus, und auch die Sendezeiten waren nicht bekannt. Aber er hatte ja seine »Wetternase« – gottlob! Also streckte er seinen Riecher nach Norden und Süden, nach Osten und Westen und stellte beruhigt fest, daß alles in Ordnung war. Sicherheitshalber klopfte er auch noch ans Barometer, aber es sah keine Veranlassung zu hektischen Sprüngen und verharrte friedlich auf seinem Dauerstand der letzten Tage von 1020 Millibar.

So hieß es denn bald »Pfeifen und Lunten aus!« Morgen würde man weitersehen. Doch der Skipper schlief an diesem Abend nicht so fest wie sonst. Irgendeine innere Stimme (oder war es seine Wetternase?) weckte ihn schon im Morgengrauen und ließ ihn auf Windgeräusche, das Schlagen von Fallen an den Alumasten und das Gluckern der Kabbelsee im Hafen achten. Windgeräusche? Als er vor sechs oder sieben Stunden zur Koje gegangen war, gab es doch keinen Wind...

Arno kletterte an Deck. Niemand sollte durch seine Unruhe gestört werden. Komisch – der Stander wehte steif nach Norden aus. Warmer Wind ließ seinen Pyjama heftig flattern. Das Schalenanemometer surrte, es mußte eine Menge Wind da oben sein. Ein Blick auf die Windlupe ließ keine Zweifel: Der Wind kam aus Süden. Arno sah auf das Barometer: kräftig gesunken. Dafür zeigte das Hygrometer erheblich höhere Werte an als gestern. Kein Zweifel – was da so wehte, war ein Scirocco. Nur gut, daß sie in einem insbesondere bei südlichen Winden vollkommen sicheren Hafen lagen. Er legte sich leise für zwei Stunden noch mal aufs Ohr. Dann würde man weitersehen. Sollte es zu hart blasen, blieb man einfach in Pula liegen. Aber sechs bis sieben Windstärken wären kein Beinbruch. Er hatte seine früheren Schiffe bei acht und neun Beaufort nach Skagen hochgekreuzt. Da würde ihn dieser Adriapüster nicht aus dem Anzug blasen, zumal die dicke THETIS eine Masse Wind und Seegang mehr vertrug als die leichten Schiffe, mit denen er früher Regatten gesegelt hatte.

Beim Frühstück hatte sich nicht viel verändert. Der blaue Himmel war glasig geworden, das hatte er in der Morgendämmerung nicht gleich erkannt. Arno freute sich, auf diese Weise mit dem Scirocco Bekanntschaft zu machen, obgleich er sich für den Anfang ein paar Tage mit sanftem Schiebewind gewünscht hätte.

Mit Mattes besprach er das Auslaufmanöver. Er informierte ihn und Silke über den geplanten Verlauf der nächsten zwei bis drei Stunden. Sie würden den Liegeplatz unter Motor verlassen, aber noch im Hafenbereich die Normalbesegelung setzen, also Fock, Großsegel und Besan. Nach dem Passieren der Durchfahrt zwischen dem Wellenbrecher und Kap Kristo würden sie eine Stunde lang unter Segel und Motor möglichst hoch auf Steuerbordbug nach Südwesten laufen. Wenn sie genügend Abstand von der Küste gewonnen hätten, würden sie über Stag gehen, um zwischen den Leuchttürmen Porer und Albanež auf Backbordbug den Kvarner anzusteuern. Alles weitere könne man entscheiden, wenn man Kap Kamenjak hinter sich habe.

Gesagt, getan. Draußen auf der offenen See war der Seegang beträchtlich. Aber die THETIS marschierte durch alle Wellenberge, ohne daß viel blankes Wasser an Deck kam. Der Motor brummte mit zweitausend Umdrehungen leise mit und unterstützte das schwere Schiff, wenn der Rudergänger vor allzu großen Kaventsmännern ein wenig anluvte. Das Kreuzen machte unter diesen Umständen richtig Spaß. Das fanden nicht nur die beiden Männer, sondern auch die im Ruderhaus trocken und geschützt Ausschau haltende Silke. Um 10.30 Uhr wendeten sie und gingen auf Backbordbug.

Als nach einiger Zeit der weit vor der Küste auf einer Klippe stehende, mehr als dreißig Meter hohe Leuchtturm Porer in Sicht kam, machte der Skipper eine Peilung. Das Feuer mußte an Backbord bleiben. Bald würde der nur gut vierzehn Meter hohe Leuchtturm Albanež in Sicht kommen, er würde an Steuerbord bleiben.

Sobald die beiden Feuer hinter ihnen lagen, atmete der Skipper erleichtert auf. Kaps waren immer so eine Sache. Dort änderte sich oft der Wind, der Strom spielte einem gern einen Streich, und eigentlich war man immer etwas unruhig, bis so eine Landnase endlich achterlicher als dwars peilte. Aber heute ging alles klar. Vor den Porerklippen legten sie zur Sicherheit noch einen zusätzlichen kleinen Kreuzschlag ein. Danach lagen sie gut frei von der Küste und konnten für die Überquerung des Kvarners einen Schrick in die Schoten geben. Der Motor war jetzt überflüssig und wurde abgestellt.

Nach einer Stunde hatten sie das mitten im Meer auf einer Untiefe stehende Galiolafeuer querab. Es war ein wichtiger Markierungspunkt für ihren weiteren Kurs.

Nach Passieren des Galiola-Leuchtturms ließ Arno die Schoten etwas dichter holen, denn man näherte sich der Insel Cres. Die THETIS packte sich auf die Seite und zog das Waschbord durch die aufgewühlte See. Der Skipper hatte darauf gehofft, daß der Scirocco nachlassen würde, je weiter sie unter Land kämen. Aber das Gegenteil war der Fall. Der Wind legte zu, würde böiger, bockiger und änderte in kurzen Intervallen abrupt seine Richtung zwischen Südost und Südwest – wahrscheinlich durch den Einfluß der gebirgigen Inseln. Viele Seen wuschen über das Vordeck, und der Gischt stob gegen die Scheiben des Ruderhauses, so daß Arno die Scheibenwischer einschalten mußte.

Es wurde ungemütlich auf der THETIS. Der Wind blies mit großer Gewalt aus der Meerenge heraus. Es war, als würde die Yacht in einem Windkanal von einer Riesendüse angeströmt. Verflixt – acht Windstärken mochten es in den Böen sein. Und das war mindestens eine Nummer zuviel für die Normalbesegelung. Nein, so ging das nicht weiter.

Arno beratschlagte wieder einmal mit seiner Crew, was man tun könne: Großsegel bergen und mit Fock und Besan unter Maschine weiter aufkreuzen? Oder nach Norden abdrehen und mit achterlichem Wind, später mit halbem Wind, den Hafen Cres ansteuern? Dort könnte man sicher liegen, bis der Scirocco vorbei wäre.

Plötzlich gab es vorn im Schiff einen harten Schlag. Arno schaute instinktiv zur Borduhr: 12.25 Uhr. Der Schlag war so hart gewesen, daß die Gläser in der Pantry klirrten, ein Glas sogar aus dem Rack sprang und auf dem Boden zerschellte. Mein Gott – bloß jetzt, bei diesem Wetter, keinen Unfall!

Mattes lief durch die Kajüte nach vorn, um zu sehen, was da im Vorschiff so gedröhnt hatte. War vielleicht der große Reserveanker aus seiner Halterung gesprungen? Es konnte nur ein schwerer Gegenstand gewesen sein, der einen derart heftigen Stoß verursacht hatte.

Arno fiel sofort die Zugzwang-Situation ein, von der in diesem Bericht schon die Rede war. Er hatte nie viel davon gehalten, sich auch Fluchtwege zu überlegen. Ob er wohl jetzt im Zugzwang war? Mit einem raschen Blick auf die Seekarte orientierte er sich über die Möglichkeiten, die ihm zur Verfügung standen, den *last way of escape*. Sicher war sicher! Bei Abwägung aller Möglichkeiten, von leichter Beschädigung des Bootes bis zu schwerer Havarie, überlegte er, wie er sich am besten aus der Falle ziehen könnte. Schon kam Mattes aufgeregt die Treppe zum Ruderhaus hochgerannt: »Skipper – Wassereinbruch vorn an Backbord unterhalb der Wasserlinie!« – Also doch! Arno startete den Diesel und schaltete die Lenzpumpe ein. Die THETIS spuckte sofort einen dicken Strahl blaues Adriawasser außenbords.

»Nimm mal das Ruder«, rief er Mattes zu, »ich will mir das selbst ansehen. Steuere genau auf die Kirche von Ustrine zu, Kurs 90 Grad. Wir müssen sehen, ob die Förderleistung der Pumpe dem Wassereinbruch gewachsen ist. Wenn nicht, müssen wir das Schiff auf den nächsterreichbaren geeigneten Strand setzen.« Während Mattes die Yacht etwas abfallen ließ und direkt auf den Kirchturm zuhielt, untersuchte Arno das Leck im Vorschiff. Er nahm die Bodenbretter hoch, öffnete den Deckel der Backskiste – und erschrak fürchterlich. Mein Gott, was war denn das? Ein Loch, so groß wie ein Eimer, etwa einen Meter unterhalb der Wasserlinie. Ein mächtiger Wasserschwall sprudelte wie ein Sturzbach ins Innere der THETIS. Das Kunststoff-Laminat war an den Rändern ausgefranst und gab ein Loch frei, gezackt, geborsten wie der Rand eines Vulkankraters. Ein Stück der Außenhaut war verschwunden. Vielleicht hatte es der Sog der Bugwelle fortgerissen, vielleicht war es durch den harten Aufprall weggeschleudert worden.

Arno war sofort klar, daß hier mit Bordmitteln keine Hilfe möglich war. Der Alptraum aller Segler war wahrgeworden: Die THETIS war auf einen knapp unter der Wasseroberfläche treibenden Gegenstand gerannt – ein über Bord gewaschenes, halbgefülltes Mineralölfaß, eine von Deck eines Kümos gefallene Palette, das voll Wasser gesogene Brett einer Ladeluke oder sonst etwas. Hier konnte kein Lecksegel helfen und keine Lenzpumpe. Die simple Membranpumpe der THETIS schaffte vielleicht fünfzig Liter in der Minute. Durch das Leck aber strömte in der gleichen Zeit mindestens die fünffache Menge. Es war nur eine Frage der Zeit, wann die THETIS zu den Fischen gehen würde.

Er griff nach dem Segelsack, der das leichte Besanstagsegel enthielt, und preßte ihn mit Händen und Füßen gegen und in das Loch der Außenhaut. Dann drückte er die zusammengeklappte Tischplatte der Dinette mit großer Gewalt wie einen Keil zwischen den Segelsack und die gegenüberliegende Gästekoje. Dadurch verringerte sich der Wassereinbruch um gut die Hälfte. Das war zwar immer noch nicht genug, um das Schiff sicher in einen Hafen auf Cres oder Lošinj zu bringen, aber es konnte sie möglicherweise vor dem

Absaufen auf offener See bewahren.

Als eine Viertelstunde vergangen war, stand er wieder neben dem Rudergänger, der schon unruhig nach ihm Ausschau hielt. Silke hockte derweilen ziemlich verstört auf der Lotsenkoje des Ruderhauses und war unfähig, etwas Klügeres hervorzubringen als die Standardfrage aller Passagiere bei einer Havarie: »Gehen wir jetzt unter?«

Nein, sie würden nicht untergehen. Sie würden mit halbem Wind, voller Besegelung und Maschine direkt auf die Küste zuschippern und die THETIS dort auf Schiet setzen. Sollten sie das Land nicht mehr erreichen, würden sie in die Rettungsinsel umsteigen und sich vom Scirocco nach Norden treiben lassen. Irgendwo würde er sie schon an Land spülen. Aber versaufen würden sie jedenfalls nicht.

Arno steuerte die Yacht mit der noch möglichen Höchstgeschwindigkeit der Küste zu. Mattes und Silke schöpften unermüdlich mit Schlagpütz und Abfalleimer so viel Wasser aus der Bilge, wie sie nur konnten. Es war nichts gegenüber den Fluten, die durch das Leck nachströmten. Aber es brachte immerhin so viel ein, daß die THETIS – langsam tiefertauchend – schwimmend gehalten werden konnte.

Nach neunzig Minuten war es geschafft: Sie standen dicht vor der Steilküste. Die THETIS war zu diesem Zeitpunkt weit über den Wasserpaß weggetaucht. Das Wasser stand in der Kajüte fast bis zu den Kojenrändern. Mattes und Silke standen bereits bis zu den Knien im Wasser. Aber die THETIS schwamm. Es schien wie ein Wunder, aber sie schwamm wirklich. Sie folgte den Ruderausschlägen zwar nur noch mit trägen Bewegungen, holte beim Einsetzen jeder Bö schwer nach Lee über und packte sich dabei manches Mal bis zum Ruderhaus weg, doch sie schwamm! Die Segel zogen sie bei halbem Wind immer noch erstaunlich gut vorwärts. Der Motor spuckte und hustete nicht ein einziges Mal und schob kräftig mit. Das Speedometer pendelte zwischen vier und fünf Knoten.

Der kürzeste Weg führte zu einem flachen Strand unterhalb der Steilküste. Als die THETIS bis auf etwa dreihundert Meter herangekommen war, sah Arno, daß die See dort gefährlich brandete und ihren Gischt hoch in das Kliff schleuderte. Hier mußte es also Klippen geben, oder große Steine lagen dort, auf denen die THETIS von der Brandung binnen kurzem in Stücke geschlagen worden wäre.

Etwas weiter nördlich aber entdeckte der Skipper auf der Karte eine kleine Bucht, in welcher der Strand sanft anstieg. Zwei vorspringende Felsnasen schützten sie zudem im Norden und Süden gegen den

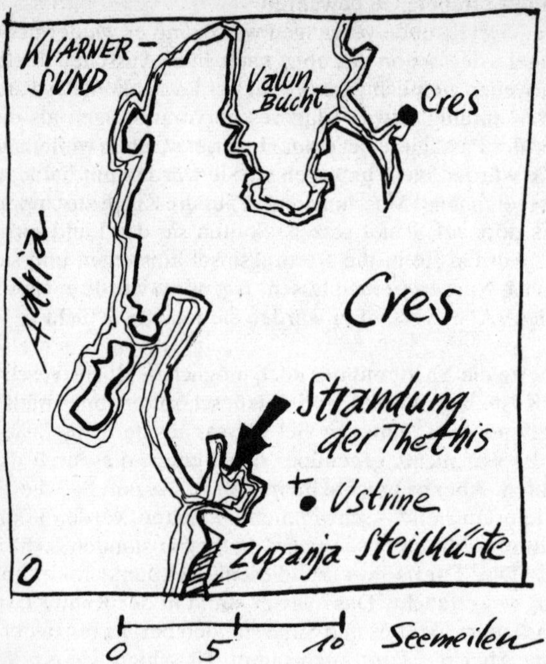

gröbsten Wind und Seegang. Diese Bucht schien ihm geeignet.

Er drehte die THETIS vor den Wind, ließ von Mattes und Silke die Segel wegnehmen und steuerte die Bucht vorsichtig unter Motor an. Nachdem die Segel geborgen waren, merkten die drei erst, wie hoch die See lief. Ohne die Stützwirkung ihrer Segel torkelte die Yacht schwerfällig hin und her und schaufelte sich dabei mit beiden Seitendecks gewaltige Mengen Seewasser über den Leib.

Jetzt waren sie in der Bucht. Es war höchste Zeit! Seit sie aufgehört hatten, die Bilge mit Eimern zu lenzen, vergrößerte sich der Tiefgang der THETIS zusehends. Es war nur noch eine Frage von Minuten, bis sie manövrierunfähig sein würde. Aber der Motor lief noch. Es war erstaunlich, wie gut der von erfahrenen Fachleuten installierte Diesel immer noch arbeitete.

Der Strand lag hundert Meter vor ihnen. Die Bucht war gegen Wind und Seegang nicht so gut geschützt, wie sie sich das vorgestellt hatten. Dicht unter Land lagen einige Fischerboote vor Anker. An ihren Bewegungen und den steif gespannten Ankerketten sah man, mit welch starken Armen der Scirocco die Brecher bis in die Bucht schwappte. Arno überlegte, an welcher Stelle er die Thetis auf den Strand setzte. In der Südecke war mehr Windschutz. Doch kam es ihm so vor, als ob der Strand dort mit größeren Steinen bedeckt sei, während er im Nordzipfel Sandstrand vermutete. Dort machte sich aber die Dünung mit mächtigen Rollern unangenehm bemerkbar.

Arno wußte, daß ihm nicht mehr viel Zeit zum Überlegen blieb. Aber daß ihm die Yacht so rasch die Entscheidung abnehmen würde, hatte er nicht erwartet. Gerade eben hatte das Echolot noch eine Wassertiefe von drei Metern gepeilt, da gab es einen harten Stoß, und die Fahrt wurde jäh gestoppt. Danach kam die Thetis wieder flott und wurde von Wind und Seegang nach Norden über zwei oder drei Barren hinweggewuchtet. Kurz darauf schwenkte die Dünung das Heck zur Seite. Der Motor erstarb, das Ruder blockierte, und eine hohe Welle warf die Yacht parallel zum Ufer auf den Strand.

Die Thetis war gestrandet. Der Wind heulte in den Wanten. Die Yacht hatte sich aufs Backbordohr gelegt und fing an, sich mit dem Bauch eine Kuhle in den Kies zu graben. Die See brach sich am glatten, spiegelnden Rumpf und brandete über das dem Land zugekehrte Deck hinweg. Dabei wurde die Yacht mit jeder Welle ruckweise ein Stückchen weiter auf den Strand geschoben. Leider gab es auch hier größere Steine, die Arno von weitem nicht aufgefallen waren. Nun schlug der Schiffsrumpf gegen diese Steine, und das hielt – Bootsbaukunst hin, Lloyds-Zertifikat her – auf die Dauer die stärkste Yacht nicht aus.

Dort, wo das landwärts geneigte Deck aus dem Wasser ragte, war das Wasser nur etwa einen Meter tief. So war es für Silke, Arno und Mattes einfach, ihr Schiff zu verlassen und durch die Brandung an Land zu waten. Von hier aus konnten sie gut beobachten, daß die Distanzen, mit denen ihr Schiff von jeder Welle weiter auf den Strand geschoben wurde, sich rasch verringerten. Offenbar reichten die Kräfte der See nicht aus, den schweren Schiffsrumpf weiterzutransportieren. Aber erstaunlicherweise war ihre Gewalt doch groß genug, bei jedem Ansturm einer Welle die Thetis kurz anzulüften, in den Verbänden erzittern zu lassen und danach krachend auf die Steine zurückzuwerfen. Das konnte ihr auf die Dauer nicht gut bekommen.

Ein paar Leute hatten sich inzwischen an der Unglücksstelle eingefunden: einige Fischer, eine Handvoll braungebrannter Kinder und etliche Besucher des nicht weit entfernt liegenden Campingplatzes, die auf die Strandung aufmerksam geworden waren.

Nach längeren Bemühungen gelang es Arno, einen Urlauber zu bewegen, ihn mit dem Auto bis zur nächsten Bushaltestelle an der Hauptverkehrsstraße zu bringen, die von Mali Lošinj über Osor nach Cres führt. Von dort aus wollte er versuchen, entweder nach Cres oder nach Mali Lošinj zu gelangen. In beiden Ortschaften gab es Werft, Polizei, Postamt und Bank.

Arno schlug vor, daß er und Mattes sich auf den Weg machten und Silke als Wache beim Boot bleiben sollte. Aber damit kamen die Männer schlecht bei ihr an: »Ihr seid wohl mall, mich hier allein zu lassen. Kommt nicht in Frage! Ich gehe mit!«

So nahmen die Männer sie mit. Warum nicht Mattes als Wache bei der THETIS zurückblieb, darüber konnte sich später keiner mehr Rechenschaft abgeben. Als sie weggingen, meinten sie, daß es an der Unfallstelle ohnehin nicht viel aufzupassen gebe. Außerdem sei die THETIS ausreichend versichert.

Arno trug Schiffspapiere, Pässe, Scheckbücher und das Logbuch in einer Aktentasche. Das war ihr ganzes Gepäck. An der Bushaltestelle warteten sie eine ganze Weile, bis endlich ein Bus kam, der sie nach Cres brachte.

Vom Postamt aus riefen sie ihren Hamburger Versicherungsagenten an. Anschließend gingen sie zum Hafen. Hier fanden sie die Milicija und das Hafenkapitanat direkt nebeneinander. Eine Hilfsaktion wurde sofort eingeleitet, doch konnte sie an diesem Tag nicht mehr ausgeführt werden, weil es bei diesem Wetter keinem größeren Boot möglich war, an der Strandungsstelle zu operieren, ohne selbst in Seenot zu geraten.

Eine Rückkehr zur THETIS schien am gleichen Tag nicht mehr möglich zu sein. Wie hätten sie auch auf dem gestrandeten Boot übernachten sollen? Der Scirocco wehte mit gleicher Stärke. Deshalb waren sie froh, als sie in einem Hotel Unterkunft fanden für diese Nacht. In der Bank hatten sie gegen Euroschecks Dinare erhalten. In dem großen Restaurant gleich in der Nähe des Hafens aßen sie ausgiebig zu Abend. Nun fühlten sie sich etwas wohler. Ihre Kleidung war inzwischen trocken; für die Rettung ihrer THETIS hatten sie getan, was sie konnten; Hunger und Durst waren gestillt. Sie waren müde.

Nach dem kurzen Spaziergang bis zum Hotel fielen sie in ihre Betten und schliefen tief bis zum nächsten Morgen.

Gleich nach dem Wachwerden schaute Arno aus dem Fenster. Der Scirocco wehte immer noch, und wie! Er ging zur Hafenmole hinaus und sah, daß draußen alle Wellen weiße Mützen trugen.

Arno hatte noch nicht gefrühstückt, als der Boß der Hilfsmannschaft im Hotel eintraf, um die Schiffbrüchigen mit einem alten, klapprigen Lkw zur THETIS zurückzubringen. Er hatte einige Jahre als Gastarbeiter in der Bundesrepublik gearbeitet und sprach leidlich deutsch.

Die Straße ging steil bergab, der alte Lkw ächzte in allen Tonlagen. Arno war voll schwerer Gedanken. Der Scirocco hatte die ganze Nacht über durchgestanden, und für die THETIS mußte das Schlimmste befürchtet werden. Womöglich war der Rumpf eingedrückt. Das eingedrungene Seewasser würde die Inneneinrichtung in kurzer Zeit vernichten.

Als sie am Unfallort eintrafen, war die Wirklichkeit schlimmer als die ärgsten Befürchtungen. Viele Schleif- und Fußspuren deuteten schon von weitem darauf hin, daß hier Strandräuber am Werk gewesen waren. Luken, Türen und Skylights standen offen. Funkgerät, Radio, nahezu alle Navigationsinstrumente fehlten. Die große bronzene Schiffsglocke hatte jemand abmontiert. Polster und Bettzeug waren gestohlen, ebenso Ferngläser, Peilkompaß, Kocher und Geschirr.

Da ein Abbergen unter den gegebenen Umständen unmöglich war, hatte es nun wirklich keinen Sinn mehr, hierzubleiben. Sie fuhren alle zusammen wieder nach Cres zurück. Bei der Höhe der Versicherungssumme und den Begleitumständen der Strandung war es klar, daß die Versicherung einen Havariekommissar schicken würde. Das dauerte einige Zeit. Als er endlich da war, fuhren alle mit dem alten Klapperkasten wieder zur Strandungsstelle. Nachdem sich der Gutachter alles angesehen hatte, wollte er wissen, warum Arno seine THETIS an die Leeküste und nicht an die brandungsfreie Südküste der Bucht gesteuert habe. Arno erklärte das mit dem Sandstrand, den er dort vermutet habe. Leider wisse er inzwischen, daß steinlose Sandstrände an der gesamten jugoslawischen Adriaküste, insbesondere auf den Inseln, äußerst selten seien.

Die Frage, ob er mit der an Bord befindlichen Sprechfunkanlage um Hilfe gerufen habe, mußte er verneinen. Der Skipper erschrak dabei zutiefst. Er hatte nicht angenommen, daß auf sein SOS oder Mayday ein Rettungsfahrzeug ausgelaufen wäre. Selbstverständlich hätte er in der Ost- oder Nordsee sofort nach der Havarie einen Notruf abgesetzt. Aber hier? Bei ausreichender Vorbereitung auf seinen Törn hätte er gewußt, daß die Küstenfunkstelle Rijeka seinen Notruf empfangen und weitergeleitet hätte. Ein Rettungsboot wäre sofort ausgelaufen.

Der Havariekommissar wurde merkwürdig zurückhaltend. Vor allem war er erbost, weil so viele teure Instrumente und Einrichtungen gestohlen worden waren. Nach Abschluß der Besichtigung wollte er gleich zurück zur Milicija in Cres. Dort ließ er sich vom Kommandanten, der deutsch sprach, die polizeilichen Protokolle übersetzen, die nach Arnos Angaben vom Zeitpunkt der Strandung an für die Zeit bis zum Eintreffen des Kommissars angefertigt worden waren. Er machte sich Notizen. Dann zogen sich die Deutschen ins Hotel zurück.

Arno wies darauf hin, daß sein Schiff voll und ganz kaskoversichert sei. Er wolle nach dem nunmehr wohl feststehenden Totalverlust seiner THETIS den Neuwert des Bootes ausbezahlt haben. Mit dem Wrack sei nichts mehr anzufangen.

Der Havariekommissar – ebenfalls Hamburger – teilte seine Meinung nicht ganz. Arno begriff nach und nach, daß ihm nach dem Verlust seiner THETIS nun auch noch ein ganz beträchtlicher finanzieller Schaden bevorstand. Der Sachverständige stellte fest: Nach dem Eintritt eines Schadensereignisses habe der Versicherungsnehmer alles zu tun, um weiteren Schaden abzuwenden. Das sei nicht geschehen, denn Arno habe – obwohl die Möglichkeit hierzu bestand – keinen Notruf abgesetzt. Dazu habe er die gute Seemannschaft grob vernachlässigt, indem er sein Boot absichtlich auf eine steinreiche Leeküste gesetzt habe. Und dies, obwohl es beim Einlaufen in die Bucht noch zu steuern war und sowohl Süd- als auch Nordende der Bucht etwa gleich entfernt waren. Schließlich habe er fahrlässigerweise unterlassen, die THETIS nach der Strandung ordentlich zu bewachen. Dafür wäre in erster Linie sein Crewmitglied Mattes geeignet gewesen, später ein angeheuerter Einheimischer.

Es sah schlecht aus für Arno. Der Abschied vom Hamburger Versicherungsmann verlief sehr kühl. Arno verstand nichts mehr. Er hatte plötzlich Heimweh nach der braungelben Elbe.

Als er auf dem Hafenkapitanat erklärte, daß er seine THETIS endgültig aufgebe und abreisen wolle, legten sich auch noch die Behörden quer. Er habe für die Beseitigung des Wracks aufzukommen und das nach Jugoslawien eingeführte Boot zum Zeitwert zu verzollen, es würde nur der Wert des Wracks angesetzt, allerdings einschließlich der gestohlenen Ausrüstungsgegenstände. – Arno mußte also noch weitere zwei Tage in Cres bleiben, bis seine Hamburger Bank den notwendigen Betrag nach Jugoslawien überwiesen hatte.

Nachdem endlich alles abgewickelt war, reisten Arno, Silke und Mattes auf schnellstem Weg zurück nach Hamburg.

Im nächsten Jahr hatte Arno J. Berger ein neues Schiff. Die Versicherung hatte den halben Neuwert der THETIS ersetzt. Für den Rest mußte er nochmals tief in die Tasche greifen. Die neue Yacht verschiffte er gleich als Decksladung nach Piräus und ließ sie von dort aus in einen Yachthafen bei Athen bringen. Sie hieß auch nicht mehr THETIS.

Wozu auch? Er hatte den Namen einst vom Vater übernommen, der alle seine Yachten so getauft hatte. Vielleicht aus Tradition, vielleicht aus Nostalgie – wer konnte das schon nach so vielen Jahren genau sagen. Aber gemocht hatte er den Namen eigentlich nie. Als Meernymphe mochte die Dame ja noch angehn. Und daß sie ihren Sohn Achilleus, den späteren Helden von Troja, einst im Styx badete, um ihn unverwundbar zu machen, war auch keine schlechte Idee. Doch daß sie ihn beim Baden schlampigerweise an der Haxe festhielt und ihm dadurch zu seiner verletzbaren Stelle, eben jener »Achillesferse« verhalf, das störte den Skipper doch sehr. Hatte er die Schwäche einer solchen Achillesferse nicht gerade erst am eigenen Leib verspürt?

Nein, keine THETIS VIII mehr! Sein nächstes Schiff hieß SILKE – einfach und schlicht SILKE wie seine Ehefrau. Er wollte einen neuen Anfang machen. Für sich, seine Silke und überhaupt ... Und möglichst ohne Achillesferse!

Ägäische Meerfahrt

Chartertörn mit Sonne, Wein und kleinen Überraschungen

Piräus, der Handelshafen von Athen, ist ein wenig reizvoller, lauter und stinkender Platz. Falls sich ein Segler dorthin verirren sollte, wird er nicht lange bleiben. Skipper, die mit ihrem Boot aus dem Golf von Korinth oder der kykladischen Inselwelt kommen, laufen einen der dortigen Yachthäfen an: Limin Zeas, Limin Mounichias, Kalamaki-Alimos, Glyphada oder Vouliagmeni.

Viele Ägäis-Chartertörns beginnen und enden hier, in der Nähe von Athen. Der Internationale Flughafen und der Flughafen Ellinikon liegen nicht weit von Kalamaki-Alimos, Glyphada und Vouliagmeni entfernt.

An einem schönen Septembertag des Jahres 1978 kamen vier Chartergäste aus Kiel auf dem Internationalen Flughafen an. Ihr Boot lag in der nahen Marina von Glyphada, und dort fanden sie auch ihre Charteragentur. Ihre NAXOS, eine Carter 33, hätten sie ohne Hilfe zwischen den vielen Yachten an langen Piers und Stegen nur schwer gefunden. Alle Formalitäten und die Übergabe des Bootes waren schneller erledigt, als sie befürchtet hatten. Trinkwasser und Diesel standen am Steg zur Verfügung. In gut einer Stunde war die NAXOS seeklar. Das Gepäck war schnell gestaut. Nun fand die Crew Zeit, sich mit dem Boot vertraut zu machen und sich im Hafen etwas umzusehen.

Am frühen Nachmittag fuhren sie mit dem Bus nach Athen. Als sie vor dem Griechischen Nationalmuseum standen, fiel ihnen ein, daß sie sich vielleicht doch zuerst die alten Yachthäfen Makrolimani und Tourkolimani ansehen sollten. Erst nachdem sie einige Zeit mit einem Fahrer der fast unzähligen Athener Taxis verhandelt hatten, ging die Fahrt los: zum Limin Mounichias, der auch manches Mal Mikrolimani genannt wird und bis 1974 Tourkolimani, türkischer Hafen, hieß. Dort bewunderten sie das schloßartige Clubhaus des Royal-Hellenic-Yacht-Clubs, der seinen Namen behalten hat, tranken im nahen Kafeneion einen süßen griechischen Kaffee und ließen die Atmosphäre dieser Umgebung auf sich wirken, die den Anschein erweckte, als sei die Welt heil, zufrieden und wohlhabend. Feinschmeckerlokal lag neben Feinschmeckerlokal, Villen reihten sich an den bergauf führenden Straßen aneinander, blühende Büsche und Eukalyptusbäume schmückten Gärten und Anlagen.

Aber das war wohl nicht das eigentliche Athen. Nach einiger Zeit ging man zu Fuß zum Limin Zeas hinüber, der auch Makrolimani genannt wird, weil er größer ist als der Limin Mounichias. Mit dem inzwischen erstandenen Stadtplan war die Orientierung einfach. Nach einer Besichtigung des Handelshafens von Piräus ging es mit dem Zug in die Innenstadt, wo man, wie kann es anders sein, bald im Plaka-Viertel, direkt unterhalb der Akropolis landete. Sie widerstanden allen Versuchungen und kauften nichts von all dem, das hier zum

Kauf angeboten wird, denn es war ja erst der Anfang ihrer Reise. Sie würde hier wieder enden, und dann konnte man immer noch zum Einkaufen gehen.

Inzwischen war es dunkel geworden. Scheinwerfer beleuchteten in wechselnden Farben die Felsen des Burgberges und die Tempel. In vielen der alten Häuser, in Innenhöfen und auf Terrassen standen Kellner bereit, es duftete nach Fisch, gebratenem Fleisch, Kräutern und natürlich nach Knoblauch. Da und dort wurde musiziert. Schönheit, Kitsch, alte Häuser, Gastlichkeit und Nepp, Einheimische und Fremde aus aller Herren Länder, immer noch geöffnete Läden, halsbrecherisch geparkte Autos, ein Taxi nach dem anderen, Armut und Überfluß – das alles zusammen zog die vier jungen Kieler in ihren Bann. Auf einer Terrasse mit Blick auf den Burgberg aßen sie so viele Krebse und Muscheln und so viel Lammfleisch wie noch nie in ihrem Leben. Sie tranken ihren ersten Ouzo – einen Anis-Schnaps – und fanden, daß ihre Reise gut anfinge. Ein Taxi brachte sie spät in der Nacht zurück zum Hafen.

Am nächsten Morgen kauften sie Lebensmittel ein und berieten dann beim Frühstück im Cockpit, wohin die Reise nun gehen sollte. Zu Hause hatten sie sich nicht einigen können; die berühmten, klangvollen Namen von Inseln und Küsten der Antike hatten die einen hierhin und die anderen dorthin gelockt. Hätten sie jeden Hafen eingeplant, der als unbedingt notwendig vorgeschlagen worden war, wären sie ein Jahr lang unterwegs gewesen.

Eine Rangordnung gab es auf der NAXOS nicht, sie war auch nicht vorgesehen, Hierarchie gab es zu Hause genug. Hier an Bord wollten alle frei sein von irgendwelchen Zwängen. Seglerisch gab es kaum Präferenzen, denn alle hatten einen Bootsführerschein – für Binnenfahrt, Revierfahrt, Küstensegeln, wie es sich gerade so traf. Hanno, der Älteste in dieser Runde, war Assistent am Institut für biochemische Forschung. Er besaß sogar den C-Schein, der ihn zum Führen von Yachten im Bereich der Seefahrt berechtigte. Er hatte den Chartervertrag unterzeichnet und stand im *Transit Log* als Schiffsführer verzeichnet. Dem Gesetz nach trug er die Verantwortung für Yacht und Crew, aber sie hatten sich intern darauf geeinigt, daß sie alle »gleichberechtigt« seien. Außer ihm gehörten noch Philipp, Petra und Sibylle dazu.

»Nun mal endlich zur Sache«, eröffnete Fips (der eigentlich Philipp hieß) das parlamentarische Palaver, »wollen wir linksrum oder rechtsrum?« Fips studierte neue Sprachen, er wollte später Studienrat werden. Ihm war die verhältnismäßig mühelose Verständigung mit den Taxifahrern auf englisch oder französisch weitgehend zu verdanken. Er übte jetzt schon bei jeder Gelegenheit pädagogisches Verhalten. Außerdem pflegte er liebevoll sein flinkes Mundwerk, mit dem er gerne muntere, wenn auch nicht immer passende Sprüche klopfte.

»Was heißt denn hier ›links- oder rechtsrum‹? Finde ich echt behämmert, so was! Ist doch völlig egal, wo es langgeht. Nur raus hier, und dann irgendwohin, wo es schön ist. Mykonos oder so.« Das war Petra, Medizinstudentin im vierten Semester, eine selbstbewußte Dame mit kühler Intelligenz, der es nicht immer gelang, sich ihrer Neigung zu schnippischen Bemerkungen erfolgreich zu erwehren.

»Mykonos? Bloß das nicht! Sind da nicht die ganzen Schwulis? Laßt uns lieber auf Kreta die minoischen Kulturstätten oder die Ruinen von Knossos ansehen, oder in Delphi das Orakel. Das soll auch ganz hübsch sein.« Billi (nur von den Eltern Sibylle genannt) hatte mit diesem Einwurf die Routen-Debatte richtig in Schwung gebracht. Sie war eine der so seltenen Frohnaturen, nahm nie etwas übel und trug auch nichts nach. Sie hatte bereits eine Ausbildung zur medizinisch-technischen Assistentin hinter sich, hatte dann herausgefunden, daß eine Tätigkeit als Krankengymnastin ihrem Streben nach Selbstverwirklichung weitaus mehr entgegenkäme, und nun absolvierte sie gerade ein diesbezügliches Praktikum. Keine Angst – sie würde das schon schaffen. Billi schaffte alles, was sie sich vornahm. Manches Mal schaffte sie sogar ihre Umwelt, wie jetzt gerade die Tischrunde der NAXOS.

»Fips, nun erkläre doch endlich mal, was du mit ›linksrum‹ und ›rechtsrum‹ meinst«, brummte Hanno, »du weißt, daß das mehr als bescheuert klingt.«

»Ja, also«, erklärte Fips seinen Vorschlag näher, »wir können entweder durch den Kanal von Korinth, den Golf von Korinth, um den Peloponnes herum durchs Ionische Meer nach Kreta und von dort wieder zurück nach Athen segeln, oder ostwärts in Richtung Kykladen und über Rhodos nach Kreta fahren. Mir ist das egal, ich mache alles mit. Hauptsache, es geht bald los!«

Hanno war klar, daß weder die eine noch die andere Reise in drei Wochen zu schaffen war, aber man stimmte trotzdem darüber ab. Billi war für die Route, die um den Peloponnes herumführte. Sie wollte zuerst nach Itea im Korinthischen Golf, um von dort aus mit einem Leihwagen das Orakel, den Apollontempel und den Felsen der Pythia in einem Arbeitsgang neu zu entdecken. Später sollten der Palast von Knossos und die Ruinen von Minos besichtigt werden. Die dazwischenliegenden vierhundert Seemeilen störten sie nicht.

Petra wandte sich entschieden gegen diesen Plan. Wer hatte denn schon Lust, bei dieser Hitze Berge zu besteigen und in Ruinen herumzuklettern? Kunst und alte Kulturen waren ihr schnuppe. Segeln wollte sie, möglichst weit und ohne viele Aufenthalte.

Fips, der sprücheklopfende Lebenskünstler, fand die ideale Lösung: »Wir überlassen es dem Wind! Bei Ostwind geht's in den Golf von Korinth, bei Westwind in die Kykladen. Wir wissen zwar nicht, was wir wollen, aber das mit ganzer Kraft!« Typisch Fips.

Hanno war nicht einverstanden. Was war das alles für ein Unsinn! »Wir segeln in die Kykladen«, sagte er barsch, »zuerst nach Kythnos, das sind etwa fünfzig Seemeilen, vielleicht auch mit Zwischenaufenthalt am Kap Sounion. Dann können wir weiter planen.« Er würde sehen, wie sie vorwärtskamen, und danach die Reise einteilen. Schließlich mußte er das Boot pünktlich wieder abliefern.

Alles atmete erleichtert auf. Endlich war ein Entschluß gefaßt. Billi seufzte ergeben: »Vielleicht gibt's auf Kythnos ja auch Ruinen.«

Plötzlich hatten es alle eilig, und die Reise sollte so schnell wie möglich beginnen. Hanno nahm Transitlog und Crewlisten, ging zum Zoll, zum Liminarchion (Hafenkapitän) und zur Fremdenpolizei. Nach etwa einer Stunde war er wieder an Bord. Nun war ausklariert, und sie mußten in spätestens einer Stunde den Hafen verlassen haben. Tschüs, Athen!

Der Wind wehte mit drei bis vier Stärken aus Südwest. Sie passierten Kap Vouliagmeni, gingen auf Südsüdost-Kurs und setzten den Reacher, ein buntes, bauchig geschnittenes Vorsegel. Die Berge an der Küste wurden niedriger und gaben den Blick auf weiße Dörfer frei. Alles war friedlich und nett, wie es sich auf einer Urlaubsreise gehört. Dann briste der Südwest auf vier bis fünf Stärken auf. Sie konnten jetzt Südost steuern und rauschten mit halbem Wind die Apollonküste bis zum Kap Sounion an der Südspitze der Attischen Halbinsel in knapp drei Stunden hinunter. Als sie an der Insel Gaidouroniso durch das Glas den Poseidontempel auf der äußersten Landspitze Attikas in der Sonne blinken sahen, wurde ihnen ganz feierlich zumute.

Es war jetzt 13.00 Uhr. Bis Kythnos waren es noch etwa 25 Seemeilen. Hanno befragte die anderen, ob man über Nacht in der

Sounion-Bucht bleiben oder weitersegeln wolle. Um 18.00 Uhr könne man Kythnos erreicht haben.

»Was spricht für das Ankern und was dagegen?« Das war die schlaue Petra mit ihrer flinken Zunge. Hanno erklärte es ihr: Für das Ankern sprachen Faulheit und Bequemlichkeit. Dagegen sprachen die nach Süden offene Bucht und die Beschwernisse, vom ankernden Schiff aus mit dem Gummiboot zum Land überzusetzen.

». . . denn wie man sich bettet, so schallt es heraus«, meldete sich Fips zu Wort und war entschieden dafür, weiterzuschippern. Petra hatte keine Lust, in der Hitze zum Poseidontempel hochzukraxeln, falls das überhaupt möglich war. Billi hatte keine Lust, sich für das eine oder andere zu entscheiden. Hanno wollte ohnehin nach Kythnos. Damit war die Sache klar. Man prostete Poseidon mit der Flasche zu und setzte Kurs ab auf die Südspitze von Kythnos, dem Akriterion Agios Dimitrios.

Der Wind blieb ihnen gewogen und trieb die NAXOS in knapp fünf Stunden bis zum Kap. Unterwegs sichteten sie eine Schule Delphine. Fips behauptete, hier gäbe es auch Haie. Doch bei ihm wußte man nie so recht, woran man war. Jedenfalls sahen sie keinen Hai.

Vier Meilen hinter dem Kap entdeckten sie eine kleine Bucht mit ein paar Fischerkaten, vor denen einige Kaikis ankerten. Der Ankerplatz hatte festen Sandgrund und war gegen Nord- und Westwinde bestens geschützt. Dort wollte Hanno für diese Nacht bleiben. Alle waren von der langen Reise rechtschaffen müde, und die salzige, sonnendurchglühte Seeluft hatte sie ausgedörrt. Sie waren froh, als ihr Anker in der stillen Bucht Grund faßte. Es würde eine ruhige Bauernnacht werden.

Als Fips seine drei Reisegenossen mit dem Gummiboot an Land setzte, standen einige Leute am Strand. Sie hatten zugesehen, wie die NAXOS in die Bucht einlief, ankerte und wie die Segler dann mit dem Beiboot an Land pullten. Die NAXOS-Crew kaufte Ouzo, den landesüblichen Anis-Schnaps, von den Fischern und von ihren Frauen Feigen, die nicht weit von den Häusern entfernt wuchsen. Es war Abendbrotzeit, und so mußten sie von den Tintenfischen kosten, die im selbstgepreßten Olivenöl gebraten waren. Das selbstgebackene Brot schmeckte herzhaft, der Ziegenkäse war zart und säuerlich. Der Inselwein schmeckte nach Harz.

Als der Abend hereinbrach, holten die Fischer ihre Gitarren und Bouzoukis. Dann tanzten alle mit bloßen Füßen im weichen Sand Sirtaki. Der selbst angebaute Tabak in deutschen und griechischen

Pfeifen verbreitete brandigen Duft. Der Wein löste ihre Zungen und lähmte ihre Beine. Dazu schien der Mond hell über Strand und Hügel, auf Griechen und Deutsche, die sich mit Hilfe weniger Wörter und vieler Gesten temperamentvoll unterhielten. Die Pinien dufteten süßlich, die Grillen zirpten laut – es war ein »eleusisches Fest«. Sie kosteten es aus bis zur Neige.

Es war spät, als sie auf schwankendem Gummiboot zur NAXOS übersetzten. Der harzige Retsinawein und der schwere Tabak hatten ihre Sinne benebelt und die Köpfe schwer gemacht.

Es war schon 10.00 Uhr, als sie am nächsten Tag endlich schweißüberströmt erwachten. Die Sonne knallte auf das ungeschützte Deck und hatte die Kajüte bereits auf 40 Grad aufgeheizt. Schlaftrunken und immer noch leicht benebelt kletterten sie an Deck und sprangen ins glasklare Wasser, um sich durch ein Morgenbad etwas munter zu machen.

Danach setzten sie ein Sonnensegel und deckten im Cockpit den Frühstückstisch. Es war schön hier. Warum sollten sie die Bucht gleich wieder verlassen? Man beschloß einstimmig, noch einen Tag hierzubleiben. Morgen früh könnte es dann weitergehen. Wohin? Vielleicht nach Syros. Das waren nur knappe 25 Seemeilen, ein Katzensprung, wenn das Wetter gut blieb.

Nach dem Frühstück teilten sich ihre Wege. Hanno und die bildungsbeflissene Billi liehen sich von den Fischern Fahrräder und radelten landeinwärts. Fips und Petra schnorchelten in der Bucht und erlegten mit der Harpune zwei Bonitos und zwei Doraden, die sie zum Abendessen braten wollten. An den Gipfeln der Berge bildete sich Bewölkung aus. Fips versuchte von den Fischern zu erfahren, ob das schlechtes Wetter ankündigte. Es war nicht einfach zu verstehen, was sie ihm sagen wollten. Sie wiegten bedächtig das Haupt und wiesen mit der Hand zur Mütze auf ihrem Kopf. Darauf zogen sie die Augenbrauen hoch und sagten etwas von Teno und Meltemi.

Später kam der Briefträger mit dem Motorrad aus Mericha. Er hatte einige Jahre in Stuttgart Autoteile lackiert und sprach leidlich deutsch. Er erklärte es ihnen: Das Wort Teno und der Griff zur Mütze hieß, daß sich die Insel Tinos eine Wolkenkappe aufgesetzt habe – ein sicheres Zeichen für ein baldiges Einsetzen des Meltemi. Im Klartext bedeutete das stürmischen Nordwind, der meistens mehrere Tage durchstand.

Fips erschrak. Bei ruhigem Wetter ankerte man hier ausgezeichnet. Was aber, wenn der Meltemi, durch die Berge am Rande der Bucht abgelenkt, in die Reede hineinstehen würde? Dann lagen sie hier auf Legerwall und saßen in der Mausefalle. Am besten wäre es, sofort auszulaufen. Aber Hanno und Billi waren von ihrem Ausflug noch nicht zurück. Es hieß also warten.

Als sich die beiden Radfahrer zum Abendessen an Bord zurückmeldeten, war es zum Auslaufen zu spät. Hanno erkundigte sich gestenreich bei den Fischern, wann wohl mit dem Einsetzen des Meltemi zu rechnen sei. Die Männer wiegten bedächtig die Köpfe. Das könne man nie genau sagen. Da der Wetterbericht für die Nacht jedoch Südwest drei bis vier gemeldet habe, wollten sie zum Fischen auslaufen. Zwischen 03.00 und 06.00 Uhr morgens sei der Meltemi in der Regel am wenigsten heftig. Aber es gäbe natürlich auch da Ausnahmen. – Hanno war nicht viel klüger als zuvor. Er hatte allerdings nicht danach gefragt, ob es ratsam sei, aus der Bucht zu flüchten. Er ruderte zur NAXOS zurück. Fips hatte keinen deutschen oder englischen Wetterbericht gefunden, so sehr er sich auch mit dem Radio abgemüht hatte. Der »Nautische Funkdienst«, Informationsmaterial der Kreuzerabteilung und Seehandbücher waren nicht an Bord. Das hätte manches geklärt.

Die Crew hockte beisammen und beratschlagte. Alle waren sich einig: Sie wollten die Nacht über hier bleiben, ausschlafen und ganz früh am Morgen ankerauf gehen, und dann nichts wie hinüber nach Syros.

Hanno stellte den Wecker auf 02.00 Uhr, um zwischendurch mal einen Blick nach draußen zu werfen. Als er sah, daß der Wind mit mäßiger Stärke unverändert aus Südwest wehte und alle Fischerboote die Bucht verlassen hatten, legte er sich beruhigt wieder hin. Um 05.00 Uhr wurde es hell. Hanno ging an Deck: Nordwind! Nicht stark, aber eben doch Nordwind. Es half nichts, sie mußten diesen Ankerplatz, den sie für unsicher hielten, so rasch wie möglich verlassen. –

»Fips!« rief er nach unten. »Reise, reise! Aufstehen!«

Fips schälte sich aus seinem Schlafsack und murmelte einen seiner verwegenen Sprüche: »Aye, aye, Käptn! Ich sage es ja: Wo ich bin, klappt nichts. Aber ich kann ja schließlich nicht überall sein!«

Die Mädchen klarten verschlafen unter Deck auf. Hanno schlug die Segel an; Fips beschäftigte sich mit dem Motor – einem schwedischen 20-PS-Diesel. Er tat dies ziemlich lange; Motor und Fips waren anscheinend uneins. Hanno hatte inzwischen das Gummiboot an Deck festgezurrt und machte jetzt auf dem Vorschiff die Ankerkette klar zum Einholen. »Kommt er nun endlich?« rief er Fips zu. Gemeint war der Motor.

»Nee«, sagte Fips, »geröchelt hat er schon, aber sonst tut sich nichts.«

Hanno ging nach unten, wo Fips an Kabelklemmen wackelte und an Schräubchen drehte. Er hatte vorgeglüht, etwas gewartet, dann gestartet – einmal, zweimal – ohne Ergebnis. Dann wieder vorgeglüht, gewartet, gestartet; mit Gas, ohne Gas – der Motor machte gurgelnd einige Umdrehungen, so lange der Starter ihn drehte. Danach war Stille. »Kako!« rief Fips – es sollte ein griechisches Schimpfwort sein. »Poly Kako!« Aber woran konnte es liegen, wenn sonst alles in Ordnung war?

»Da muß der Diesel vorgestern bei dem Seegang Luft geschluckt haben«, meinte Hanno trocken. Entlüften konnten sie ihn nicht, und so waren sie für diesen Tag eben ein Segelboot. Das würde sich erst ändern, sobald sie einen Mechaniker gefunden hatten, der den Diesel entlüftete. Auf Kythnos waren aber nur in Loutra und Mericha Werkstätten. Da konnten sie besser gleich nach Syros hinübersegeln. In Ermoupolis gab es sicher einen Yachtservice. Bei Nordwind würden sie nur fünf bis sechs Stunden bis zu diesem Hafen auf der Ostseite der Insel brauchen. »Mann«, sagte Fips, »und dabei ist die Technik heute schon so perfekt, daß der Mensch bald ohne sich auskommt!«

»Also los!« rief Hanno. Es würde ja wohl auch einmal ohne Motor gehen. Die Mädchen fragten, ob es nicht besser sei, vorher noch zu frühstücken. Man kannte das ja zur Genüge von der Ostsee her: Auf See kam man doch nicht mehr dazu. Aber Hanno sah sie nur verständnislos an. Der Meltemi war im Anmarsch, der Motor lief nicht – und sie wollten jetzt »frühstücken« ...

Ankerlichten unter Segel hatten sie alle bei der Führerscheinausbildung gelernt. Aber wer macht das schon in der Praxis? Heute hatte doch jeder Kahn einen Motor. Hanno erklärte den anderen Manöverablauf und Rollenverteilung: 1. Fock anschlagen und am Fockstag beizeisen. 2. Reichlich Lose in die Großschot geben und das Groß setzen. 3. Großsegel leicht andirken. 4. Yacht an den Anker heranholen, bis die Kette »auf und nieder« steht. 5. Nachdem Hanno »Anker ist ausgebrochen« gemeldet hat, Fock setzen, Dirk fieren und Großschot dichtholen. Gleichzeitig Anker an Deck holen und festzurren. 6. Abfallen und Fahrt aufnehmen. Das höre sich zwar schwierig an, meinte Hanno, aber es würde schon klappen.

Die Reihenfolge wurde von allen exakt eingehalten. Die Mädchen an Fallen und Schoten und die Männer am Ankergeschirr. Aber es gab Schwierigkeiten. Hanno und Fips hatten »Auf und nieder!« gemeldet, die Mädchen warteten auf »Anker ist ausgebrochen«. Und als Fips etwas rief, hielten sie es für diese Meldung, fierten auftragsgemäß die Dirk und holten die Großschot dicht. Während die NAXOS Fahrt aufnahm, zerrten Hanno und Fips weiter an der Ankerkette. Aber sie bekamen den Anker nicht aus dem Grund, und das war es gewesen, was Fips den Mädchen zugerufen hatte.

Die NAXOS segelte jetzt über den Anker hinweg. Dadurch kam so viel Kraft auf die nasse, glitschige Kette, daß sie den Männern durch die Hände glitt. Warum die weder das Ankerspill benutzten, noch die Kette in die Kettennuß gelegt hatten, war hinterher nicht klar. Den Mädchen fiel auch nicht auf, daß die Fock nicht gesetzt wurde. Und als die NAXOS sich anschickte, eine Patenthalse nach der anderen zu fahren, gaben sie ratlos wieder Lose in die Großschot, was das Unglück erst perfekt machte.

Viel zu spät kommandierte Hanno: »Laß fallen Groß!« Die Mädchen eilten zum Mast, paßten auf, daß sie den Baum nicht an den Kopf bekamen, und fierten das Großfall. Mit vereinten Kräften zerrten sie an dem in den Rutschern klemmenden Großsegel. Schließlich knallte die Großbaumnock auf das Deck. Das Segel wurde über die Reling geblasen und nahm ein Bad im durchsichtigen Wasser der Bucht.

Nun ergaben sich die weiteren Maßnahmen von selbst. Die Männer holten die NAXOS wieder an den Anker heran. Fips griff nach Maske und Schnorchel, um nachzusehen, warum der Anker nicht aus dem Grund zu brechen war. Es dauerte nur einen Moment, dann tauchte er wieder auf: »Riesenmist«, rief er, »der Anker hakt fest hinter einer dicken Stahltrosse.«

Ein Kappen der Trosse war also nicht möglich. Hanno reichte Fips eine Trippleine aus Kunstfaser, die er am Ankerkreuz festmachen sollte. Fips gelang es, eine weitere Leine unter der Trosse durchzuziehen. Diese Leine wurde mit einem Tampen an einer Klampe belegt, mit dem anderen über eine Winsch geholt. Auf diese Weise wurde die Trosse etwas angehoben, und Hanno bekam mit Hilfe der Trippleine den Anker von der Trosse frei. Nun mußte es schnell gehen. Während Fips wieder an Bord kletterte, hievten Hanno und Petra den Anker an Deck. Das sollte Hanno und den anderen eine Lehre sein. In Zukunft würden sie vor jedem Ankermanöver eine Trippleine am Ankerkreuz befestigen.

Fips war kaum über die Badeleiter an Deck zurückgekommen, da holte er auch schon die Dirk an. Petra klarierte die Großschot und ging ans Ruder. Billi kurbelte das Groß hoch, Fips setzte die Fock, und Hanno verstaute Kette und Anker. Dann übernahm er das Ruder und segelte die NAXOS aus der Bucht. Das ganze Manöver hatte keine zehn Minuten gedauert.

Während Fips vergnügt »Tschüs, Kythnos!« rief, bemerkte Petra spitz: »Habt ihr noch mehr solche Flops auf Lager?« Und die sonst so friedfertige Billi fragte: »Ich möchte nur wissen, wo ihr solchen Bockmist gelernt habt.«

Draußen pfiff der Meltemi mit fünf Beaufort, in den Böen wohl auch mal mit sechs. Aber die NAXOS konnte mit einem Reff im Groß und mit der Fock I ihr Zeug gut tragen. Die Sicht war gut, die Luft kalt. Die von Backbord einkommende kurze, grobe See schaufelte recht unfreundlich eine Ladung Seewasser nach der anderen ins Cockpit. Billi hatte es fertiggebracht, heiße Fleischbrühe zuzubereiten. In hohen Muggen servierte sie das späte Frühstück den anderen drei. Petra war etwas blaß um die Nase, daran konnte auch die Fleischbrühe nichts ändern. Als es gegen Mittag weiter aufbriste, lag Syros nicht mehr weit entfernt vor ihnen. Die Phoinikos-Bucht mit dem weißen Sandstrand kam in Sicht und das hoch darüber liegende Dorf Poseidonia. Um 13.00 Uhr rundeten sie die südliche Landspitze von Syros. In Landabdeckung liefen sie zeitweilig gute acht Knoten. Doch dann hieß es noch einmal »Schoten dicht!«, um die letzten drei Seemeilen bis Ermoupolis, dem größten Hafen der Insel und zugleich wichtigsten Umschlagplatz der Kykladen, gegen hohe See und böig bockenden Nordwind aufzukreuzen.

Beim Einlaufen in den Hafen leistete sich Hanno ein weiteres seemännisches Meisterstück. Wieder hing es mit dem Anker zusammen, den er ohne Motorhilfe offensichtlich nur schwer handhaben konnte. Theoretisch hatte er sich das Anlegemanöver gut überlegt. Die Ausführung war jedoch weit schwieriger.

Nur die nördliche Innenpier bot Schutz vor dem Meltemi. Dort lagen Yachten und Fischerboote dicht an dicht vor Buganker, das Heck der Pier zugekehrt. Die NAXOS mußte sich irgendwo dazwischenquetschen. Als Hanno eine kleine Lücke zwischen zwei Booten entdeckte, lief er mit halbem Wind in einigem Abstand darauf zu, ließ die Fock bergen und machte einen Aufschießer. Fips gab vom Vorschiff aus rasch ein Festmachende zum Nachbarboot hinüber. Da eine unter Segel in den Hafen laufende Yacht immer Aufmerksamkeit erregt, waren genügend Hände bereit, beim Anlegen zu helfen. Sofort griff jemand zu, übernahm den Festmacher und belegte ihn auf der Pier an einem großen Poller.

Während die Mädchen das Großsegel bargen, die Fock abschlugen und einige Fender ausbrachten, machten die Männer das auf dem Kajütdach festgezurrte Schlauchboot klar. Fips fuhr damit den Anker aus – gut dreißig Meter weit, das würde bei der geringen Wassertiefe wohl reichen.

Als er zurück war, empfing ihn Hanno mit der Nachricht, nun müsse die NAXOS erst noch umgedreht werden. Fips war entsetzt; noch mehr Arbeit! »Mann, wozu denn das? Warum denn nicht bugwärts an die Pier?«

Hanno wußte, warum: »Und was ist, wenn der Wind nachts dreht oder im Hafen Schwell aufkommt? Dann bist du froh, wenn du, wie es sich gehört, die Nase seewärts hast.« Also umdrehen!

»Dann kann man auch leichter aussteigen«, fügte Billi weise hinzu. Doch Hanno zuckte nur mit den Schultern. Als ob das ein Argument wäre ...

Sie ließen die Yacht etwas achteraus sacken, bis sie frei von dem Ankergeschirr der Nachbarn war. Dann belegte Hanno die Ankertrosse am Bug, während Fips die Vorleine am Heck festmachte. Nichts war einfacher, als ein Schiff umzudrehen. Man mußte es nur richtig machen. So wie sie.

Aber machten sie es richtig? Theoretisch ja, aber der Teufel steckt beim Segeln eben im Detail. Und das war die Vorleine. Fips hatte sie korrekt und sicher an der dicken Klampe am Heck belegt. Doch was war mit dem Knoten, der sie an Land festhielt? Den hatte irgendein Fremder gemacht. Und niemand auf der NAXOS hatte kontrolliert, ob er auch hielt ...

Die NAXOS hatte um 180 Grad gedreht. Ihr Heck zeigte jetzt zur Pier, und Fips machte sich daran, die Yacht rückwärts in die Lücke zu bugsieren. Er brauchte einige Kraft dazu, denn der Meltemi stemmte sich gegen das Rigg. Als er das Heck bis auf drei Meter an die Nachbarschiffe herangeholt hatte, gab die Leine plötzlich nach, und Fips landete unsanft auf seinem Allerwertesten. Hanno eilte nach achtern – was war passiert? Als er bei Fips ankam, war das Heck schon fünf Meter von den Nachbarn entfernt. Und nachdem er entdeckt hatte, daß der Knoten an Land offenbar von keinem besonders geschickten Salzbuckel stammte, war die NAXOS bereits zehn Meter zurückgetrieben.

Ehe sie viel unternehmen konnten, hingen sie mitten im Hafenbekken an ihrem Anker und machten ziemlich dumme Gesichter. Fips fluchte auf den unbekannten Helfer an Land, der ihnen das angetan hatte. Hanno aber gab ehrlich zu, daß man sich eben nicht auf »von fremder Hand geschürzte« Knoten verlassen dürfe. »Was nun?« wollten die Mädchen wissen. Ja, was? Entweder erneut Segel setzen und dreißig Meter zur Lücke aufkreuzen. Oder mit dem immer noch längsseit hängenden Schlauchboot eine Leine zur Pier ausfahren. Beides machte Arbeit.

Doch ehe man sich hierüber in erneute Diskussionen verlor, half ihnen ein gütiges Geschick: Ein freundlicher Fischer hatte ihre Lage erkannt. Er warf ihnen eine Leine zu und verholte sie, mit dem Heck voran, an den gewünschten Liegeplatz.

Das ganze Unternehmen wurde von den Zuschauern mit Grinsen registriert, wie das wohl immer ist, wenn Manöver wegen einer Dummheit danebengehen. Hanno hatte einen roten Kopf vor Ärger, Fips mußte wieder einen seiner markanten Sprüche loswerden und tönte: »Ja, ja, Skip – Alter nützt bei Torheit nichts!«, wobei nicht ganz klar wurde, ob er damit Hanno oder sich selbst meinte. Und Petra, die überlegte sich einiges . . .

Der rauhe, kalte Meltemi hielt die NAXOS drei Tage lang in Ermoulopis fest. Die Crew nutzte die Segelpause nach Kräften. Hanno sorgte dafür, daß der Motor wieder zu neuem Leben erweckt wurde. Fips streifte in der alten Handelsstadt umher und fotografierte Patrizierhäuser, marmorgepflasterte Plätze, prächtige Kirchen, den bunten Markt, Fischer, großäugige Kinder und alles, was er für ein gutes Motiv hielt. Die Mädchen fuhren mit dem Bus landeinwärts zur alten Hauptstadt der Insel, die aber heute nur noch Touristenattraktion ist. Bei strahlender Sonne fuhr man in die Bucht von Phoinikos zum Baden. Abends traf sich die Crew im Kafeneion am Hafen bei kohlschwarzem griechischem Kaffee. Das ist zwar dasselbe wie türkischer Mokka, aber wer in Griechenland »türkischen« Kaffee bestellt, muß lange auf das Servieren warten. Der Kellner würde die Bestellung immer wieder überhören. Sie tranken Ouzo und aßen große, gesalzene Oliven dazu.

Schon am ersten Abend in Syros schien eine gründliche Aussprache unumgänglich. Hannos Leistungen ließen in den Augen der anderen zu wünschen übrig. Sie waren mit ihrem Skipper nicht zufrieden. Petra wünschte einen Abbau der hierarchischen Verkrustungen schon im

Ansatz, und Billi pflichtete ihr bei. Fips war das egal, er hatte ohnehin nur den A-Schein und fiel für das Topmanagement an Bord sowieso aus.

Petra schlug daraufhin vor, sie und Billi würden in der nächsten Woche die NAXOS skippern. Hanno stimmte dem sofort zu. Falls er sich über die Zweifel an seinem Können ärgerte, verstand er es großartig, dies nicht zu zeigen. Doch nun paßte Billi die neue Richtung nicht. »Also, ich finde Navigation gar nicht sonderlich interessant. Ich koche eigentlich ganz gern.«

Deshalb entschied der im Kafeneion zusammengetretene Schifferrat schließlich: Petra sollte die Schiffsführung übernehmen. Fips schloß die Sitzung mit der einleuchtenden Bemerkung: »Beim Segeln ist jeder zu gebrauchen – und sei es als abschreckendes Beispiel.«

Nachdem Proviant und Trinkwasser übernommen und die NAXOS auf Hochglanz poliert war, hörte der Meltemi langsam auf zu blasen. Bei freundlichem Wetter verließ die NAXOS den Hafen.

Das Ablegen klappte wie am Schnürchen. Der Anker wurde ohne Schwierigkeiten an Deck geholt, der Motor sprang sofort an. Petra saß am Ruder, Billi spielte Stewardeß, Smutje, Entertainer und Discjokkey in einer Person. Die beiden Männer teilten sich die restliche Arbeit. Petra ließ die Fock I gegen den Reacher austauschen, damit die NAXOS einen Knoten mehr lief. Fips maulte über die viele Arbeit, tat aber dann doch alles, worum ihn sein Ladyskipper bat.

Sie hatten sich auf Mykonos als nächstes Etappenziel geeinigt und deshalb nur runde zwanzig Seemeilen zurückzulegen. Das war eigentlich etwas wenig für einen richtigen Seetörn. Aber Billi hatte alle früheren Bedenken vergessen und darauf bestanden, Mykonos anzulaufen. Für Petra war es eine gute Gelegenheit, sich die Sporen als Skipper zu verdienen. Hanno schaute skeptisch aus dem Niedergang zum Verklicker im Masttopp hinauf. »Bin mal gespannt, ob du mit dem bauchigen Reacher-Dings bei dem leichten Südostwind Mykonos anliegen kannst«, meinte er.

»Laß dir die Spannung nicht rauben«, konterte Petra selbstbewußt. Aber sie hatte gerade das gleiche gedacht. »Wenn nicht«, fügte sie deshalb hinzu, »können wir immer noch die Fock setzen.«

»Oder Tinos anlaufen statt Mykonos«, fiel ihr Fips in den Rücken. Petra kniff die Lippen zusammen und schwieg. Das hätte Fips nicht sagen dürfen, das war unfair.

»Wann sind wir denn da, Hanno?« fragte Billi, die schon wieder

Hunger hatte.

»Was fragst du mich? Frag doch deinen Skipper!« sagte Hanno. Ja, ja, es hatte ihn also doch tief getroffen, daß er nicht mehr als Skipper anerkannt wurde.

Billi fragte also Petra und bekam kurz und präzise zur Antwort: »Um 14.00 Uhr.«

Es war eine glatte und schöne Überfahrt. Der Wind hatte geraumt, und Petra fragte, ob »man« für die letzten zehn Meilen nicht noch den Spinnaker setzen wolle. Dann wären sie schon um 13.00 Uhr in Mykonos. Vielleicht hatten sich Fips und Hanno mit »man« nicht angesprochen gefühlt. Oder vielleicht hatten sie auch keine Lust. Jedenfalls reagierte niemand auf Petras Frage, und auch eine Antwort wurde nicht für nötig gehalten. Wollte die Dame etwa im Urlaub Regatta segeln? Sie hatten Zeit – viel Zeit sogar. Petra schwieg klugerweise dazu.

Das Einlaufen in den Hafen von Mykonos und das Anlegen an der Pier klappte ohne jede Schwierigkeit. Petra gab ihre Kommandos knapp, sachlich und nicht lauter als notwendig. Die Crew spurte. Bald lag die NAXOS vor Buganker und mit dem Heck an der Pier. Kurze Zeit später entdeckten sie bereits bei bester Laune die »Insel des Lichts«.

Die spitzen Dreieckssegel der drei intakten Windmühlen blähten sich im Wind, die defekte stand regungslos daneben. Einige Pelikane stolzierten würdevoll auf und ab. Blendendes Sonnenlicht übergoß die weißen, würfelförmigen Häuser, die weiß gekalkten, bergauf führenden Gassen, leuchtend blühende Hibiskusbüsche und die hinter dem Ort emporsteigenden Hügel mit gleißender Helligkeit. Und überall stieß man auf Scharen braungebrannter und zumeist junger Leute, die in allen Sprachen Babylons mit- und gegeneinander redeten.

In Boutiquen wurden flauschige, handgewebte Stoffe, in Innenhöfen Volkskunst angeboten. Duftende, reife Melonen konnte man kaufen, scharf gewürzten Schaf- und Ziegenkäse (eine Spezialität der Insel), Wein und überhaupt alles, was man hier brauchen konnte. Diskotheken, Kafeneions, Tavernen und Restaurants gab es, wohin man sich auch wandte.

Billi war selig. Sie entdeckte keine Schwulis, vielleicht sahen die auch nur anders aus, als sie dachte. Was die Leute bloß immer daherredeten. Am folgenden Tag wanderten sie über die Insel und entdeckten Bauernhöfe, in denen das Getreide mit Hilfe von Eseln gedroschen wurde, die, in der Mitte einer kreisrunden gepflasterten

Fläche festgebunden, im Kreis darauf herumliefen. Hier sahen sie keine Touristen. Die kamen über die kleine Stadt Mykonos und die nahen Badebuchten kaum hinaus. Der Wind zauste ihr Haar, während sie ohne Weg und Steg gegen Abend wieder zur Bucht hinuntergingen, in der ihre NAXOS an der Pier lag. Sie kletterten über lose aufgeschichtete Steinmauern, die Obstgärten und Weinberge vor dem Wind schützten. Vor einem Hund, der in einem der Gevierte Schafe bewachte, flüchteten sie wieder auf die Mauer zurück, von der sie gerade heruntergesprungen waren.

Voll neuer Eindrücke saßen sie abends in einem kleinen Innenhof beim Essen. Billi war begeistert. Wenn es nach ihr gegangen wäre, hätte sie gerne den restlichen Urlaub hier verbracht. Nur mit Mühe konnte Hanno ihr klarmachen, daß sie einen Mykonos-Urlaub billiger und bequemer über ein Reisebüro buchen könne, wenn sie das wolle. Mit der Aussicht auf das Anlaufen weiterer interessanter Inseln konnte er sie endgültig umstimmen.

Sowohl Petra als auch Hanno war klar, daß sie sich bisher sehr viel Zeit gelassen hatten und daß sie sich nun genau überlegen sollten, wohin die Reise noch gehen konnte. Die ersten acht Tage waren wie im Fluge vergangen. Noch zwölf Tage, dann mußten sie wieder in Glyphada sein.

Ihr nächstes Ziel war Patmos. Gut sechzig Seemeilen lagen vor ihnen. Sie standen also am nächsten Morgen früh auf und gingen aus dem Hafen, als die Crews der Nachbarboote noch schliefen. Tschüs, Mykonos! Wir kommen bald wieder!

An Delos segelten sie vorbei, ein Besuch wurde für den nächsten Törn vorgemerkt. Die Sonne ließ das Meer blau leuchten. Die Fock war schnell gegen den Reacher ausgetauscht. Später entschloß sich Petra sogar dazu, den Spinnaker zu setzen. Am späten Nachmittag lag die NAXOS in Patmos an der Pier.

Nachdem Fips seinen sechsten oder siebenten Film verknipst hatte, das berühmte Kloster des heiligen Johannes besichtigt, Kaffee und der übliche Ouzo getrunken waren, saß die NAXOS-Crew wieder einmal beieinander und beriet über den weiteren Ablauf des Törns. Petra und Hanno eröffneten den beiden anderen, daß es langsam an der Zeit wäre, den entferntesten Punkt ihrer Reise festzulegen, und daß man wohl an Leros und Kalymnos vorbeisegeln müßte. Hanno stellte ausdrücklich fest, daß Petra ihr Schiff umsichtig und tadellos geführt habe, aber nun wollte er wieder Skipper sein. Er dächte daran, nach

Bodrum zu gehen. Sie seien so nah an der türkischen Küste, daß er diesen Abstecher allen nur anraten könne. Knappe sechzig Seemeilen seien es nur bis dorthin.

Türkei, das klang für alle verlockend. Fips konnte nicht anders, er mußte seiner Überraschung durch einen flotten Spruch Luft verschaffen: »Jetzt geht's rund, sagte die Katze und sprang in die Waschmaschine!« Dann wollte er von Hanno wissen, warum es gerade Bodrum sein müsse. Hanno erklärte ihm, daß Bodrum Einklarierungshafen sei, außerdem läge dort König Mausolos begraben, und der Keramische Golf sei landschaftlich besonders schön. Na, wenn das keine guten Gründe waren!

»Kannste denn Türkisch?« Fips wollte sich einen guten Abgang sichern. Aber Hanno fragte nur schlagfertig zurück: »Und du – kannst du Griechisch?« Das saß, und die Diskussion war damit fast beendet. Hanno fügte nur noch hinzu, daß von Bodrum aus dann wohl die Rückreise angetreten werden müsse.

»Reise, reise!« hieß es wieder am frühen Morgen. Sie hatten sich schon daran gewöhnt, früh aufzustehen. Nur Billi moserte unausgeschlafen herum, warum das denn immer sein müsse und warum man von Bodrum aus schon wieder zurückfahren solle? Wo bliebe denn die große Rundreise über Kreta? Nach dem ersten Schluck heißen Kaffee, den Billi wie immer gekocht hatte, erklärte ihr Petra noch einmal genau die zeitlichen Überlegungen für die zweite Hälfte ihres Törns. Billi sah ein, daß ein gechartertes Boot pünktlich zurückgegeben werden muß, und sie freute sich auf Bodrum.

Am frühen Nachmittag waren sie in Kos zum Ausklarieren. Die Schönheit der Insel, die üppigen Weinberge und Zitronenplantagen, die alte Stadt, der lebendige Hafen, alles zusammen begeisterte die Kieler Crew so sehr, daß sie beschlossen, hier zu bleiben. Erst morgen wollten sie den kurzen Schlag nach Bodrum segeln. Sie bereuten ihren Entschluß nicht. Das Asklepio-Heiligtum mit seiner Ärzteschule, in der einst Hippokrates gewirkt hatte, interessierte auch Petra, schon fast von Berufs wegen.

Das Einklarieren in Bodrum verlief reibungslos. Nur gut, daß sie so viele Crewlisten mithatten. Eine ganze Reihe ausländischer Yachten lag an einer neuerbauten Pier, sicher und gut bewacht. Manche überwinterten dort sogar.

Zwei Tage lang bummelten Billi, Petra, Fips und Hanno durch die an Sehenswürdigkeiten reiche Stadt. Sie entdeckten manche Kostbarkeit: das alles überragende Kastell am Hafen, ein antikes Theater am Göktepehügel, die Reste des Mausoleums und prachtvolle Moscheen. Inzwischen interessierten sich alle für Land und Leute, alte Baudenkmäler und Kunstwerke fremder Kulturen. Sie genossen den Aufenthalt in vollen Zügen.

Durch das glasklare, hellblaue bis türkisfarbene Wasser der Bucht konnten sie tief hinuntersehen. Leider war Tauchen in türkischen Gewässern nicht gestattet. Auf Kara Ada, der Schwarzen Insel, nahmen sie ein Bad in der Schwefelquelle, danach badeten sie ausgiebig am Strand.

Aber wie das so ist: Segler sind Zigeuner. Am dritten Tag ging es weiter, nachdem die NAXOS ausklariert hatte. Tschüs, Bodrum. Tschüs, Türkei!

Das nächste Ziel hieß Tilos – eine etwa vierzig Seemeilen entfernte griechische Insel. Von dort aus sollte die NAXOS auf Westkurs gehen. Zunächst klarierten sie in Kos wieder ein. Das dauerte länger als erwartet. Der Hafenarzt mußte ihnen bescheinigen, daß sie aus der Türkei keine Krankheit mitgebracht hatten, erst dann konnte Hanno mit den Schiffspapieren, den Pässen und den unvermeidlichen Crewlisten zum Hafenkapitän und zur Polizei wandern. Das gleiche war ihnen auch beim Einklarieren in Bodrum passiert, nur kam dort der Hafenarzt schneller. Er lebte nämlich von den bei dieser Gelegenheit erhobenen Gebühren, weil er vom Staat kein Gehalt bekam.

Am späten Vormittag kam man endlich los. Der Nordwest wehte mit drei bis vier Windstärken. Während Hanno am Ruder stand, malte er in den buntesten Farben die Möglichkeit aus, in einer der zahlreichen Buchten von Tilos zu ankern und nicht in den Hafen zu gehen. So könnten sie schon am frühen Morgen schnorcheln und mit der Harpune Doraden, Bonitos, Schwertfische oder Mondfische erlegen. Doch Petra war entschieden dafür, im Hafen anzulegen. Mit aggressivem Unterton murmelte sie: »Mal wieder so ein typischer Egotrip von Hanno!« Das ermutigte Fips, einen seiner scharfsinnigen Sprüche loszulassen: »Bei uns an Bord genießt eben jeder volle Freiheit – ob er will oder nicht.« Aber sonst war alles friedlich.

»Wir kommen ohnehin erst bei Nacht in Tilos an, wenn das so weitergeht«, ließ sich Petra vernehmen, »dann ist es eh nichts mit Ankern.«

»Ja, das habe ich mir auch gerade gedacht«, konterte Hanno. »Seid doch so nett und setzt den Reacher!«

Die Sonne stand noch ziemlich hoch, als Tilos in Sicht kam. Hanno hielt auf die Ostseite der Insel zu. Auf der Seekarte hatte er schon den Kurs zu einer Bucht eingezeichnet, die ihm besonders reizvoll erschienen war. Petra half ihm bei der Ansteuerung. Alle vier waren inzwischen gut aufeinander eingespielt. Das Ankermanöver klappte reibungslos, das Schiff war schnell aufgeklart. Gerade als sich die mit sich und der Welt zufriedene Crew im Cockpit einen guten Schluck genehmigte, ging hinter der Insel die Sonne unter. Sie tauchte das steil abfallende Ufer in violettes Licht. Jede der in dieser geschützten Bucht nur kleinen Wellen war plötzlich violett. Eine verzauberte Stimmung breitete sich aus. An Land zirpten laut die Grillen. Ganz leise summte der Wind in den Wanten. Es klang, als ob Pan ihnen zur Nacht auf seiner Flöte ein Ständchen blase.

Der Morgen war noch kühl, als Billi und Fips mit den Frühstücksvorbereitungen fertig waren. Das Sonnensegel war gesetzt, der Kaffee duftete; von Salami bis Tomaten, von Kuchen bis Marmelade stand alles auf dem Tisch, was die Pantry nur hergab. Alle vier hatten das Morgenbad schon hinter sich. Sie waren ausgeschlafen und gut gelaunt.

»Ich bin nur neugierig, was wir heute abend zu essen bekommen«, stichelte Petra. »Wißt ihr überhaupt, wie so ein Schwertfisch oder Mondfisch aussieht?« Hanno hatte gerade den letzten Schluck Kaffee getrunken. Er schaute Petra interessiert an, dann ging ein Lachen über sein braungebranntes Gesicht: »Also, ich glaube, ich werde mich hauptsächlich auf Mondfische konzentrieren, die kann man kaum verwechseln. Die sehen nämlich so aus wie du, wenn du den Mund zu voll genommen hast. Ja, genauso wie jetzt«, spottete er, »und es sieht immer so aus, als bekämen sie ihren netten runden Mund nicht mehr zu!«

»Das schlägt doch dem Faß die Krone ins Gesicht!« entrüstete sich Petra, die ihre langjährige Bekanntschaft mit Fips nicht verleugnen konnte.

Die Männerwelt begab sich zum Fischfang. Hanno und Fips waren der Meinung, daß das Licht günstig sei. In vier bis sechs Meter Tiefe wollten sie ihre Beute suchen. Das Wasser war sehr warm, sie brauchten also keinen Anzug. Sie legten die Flossen an, steckten Gummistöpsel in die Ohren und setzten Brille und Schnorchel auf. Die Harpunen hatten sie mit Pfeilen für mittelgroße Fische geladen.

Fips und Hanno waren geübte Taucher. Sie jagten nie gleichzeitig. Immer tauchte nur einer und der andere sicherte...

Die Damenwelt war mit dem Schlauchboot an Land gepullt. Über dem schmalen Strand und dem steil ansteigenden Ufer flimmerte die Luft im grellen Sonnenlicht. Zwischen Felsen und großen Steinblökken wuchsen Feigen- und Olivenbäume. Kein Windhauch bewegte ihre Blätter. Billi und Petra entdeckten Smaragdeidechsen und zwei graubraune Schlangen, die schnell das Weite suchten, als ein Schatten auf sie fiel. Nachdem sie eingesehen hatten, daß es sehr beschwerlich und auch nicht ungefährlich war, hier barfuß und ohne Jeans auf Entdeckungsreise zu gehen, pullten sie wieder zur NAXOS zurück, um eine Runde ums Schiff zu schwimmen und dann, besser ausgerüstet, ihr Glück noch einmal zu versuchen.

Hanno hatte eine Höhle im Steilufer entdeckt, auf die er zuschwamm, um sie sich näher anzusehen. Fips sah etwas besorgt zu, wie Hanno in der Grotte verschwand. Er wollte auf die Felsen über dem Höhleneingang klettern, sich dort ausruhen und dabei auch auf eventuelle Gefahren achten, die Hanno drohen könnten. Plötzlich löste sich der große Stein über dem Höhlenbogen, an dem sich Fips hinaufzog. Gerade in diesem Moment schwamm Hanno wieder aus der Höhle hervor, der Stein traf ihn an Kopf und Schulter. Fips war sofort bei ihm und sah, daß Hanno am Kopf heftig blutete. Er schien zwar nicht bewußtlos, aber doch benommen. Fips hielt den Kopf des Kameraden über Wasser und rief den zur NAXOS zurückpullenden Mädchen zu, sie sollten ihnen sofort zur Hilfe kommen. Mit vereinten Kräften zogen und schoben sie Hanno in das Schlauchboot, nahmen ihm Brille und Schnorchel ab und entfernten die Gummistöpsel aus den Ohren. Dann pullten sie so schnell wie möglich zur NAXOS und hievten Hanno an Deck.

Drei Köpfe beugten sich betroffen über die nackte Gestalt auf der Ducht. Petra faßte sich als erste. Wozu hatte sie vier Semester Medizin studiert? Sie ließ sich die Bordapotheke bringen, säuberte die große Platzwunde am Kopf und die tiefe Schürfwunde an der Schulter, so gut es ging. Sie prüfte, ob das Schlüsselbein oder ein anderer Knochen gebrochen war und ob die Pupillenreflexe stimmten.

Es sah auf den ersten Blick nicht so aus, als ob Hanno schwer verletzt sei. Auch hatte er wohl nicht allzuviel Wasser geschluckt. Puls und Atmung waren regelmäßig. Petra schlug trotzdem vor, Hanno nach Möglichkeit ins Krankenhaus zu bringen und feststellen zu lassen, ob er vielleicht doch eine Gehirnerschütterung oder gar einen Schädelbruch bei dem Unfall davongetragen hatte.

Man entschied sich sofort dafür, nach Rhodos zu segeln. Der Nordwest wehte immer noch, und wenn er heute wieder vier Windstärken erreichte, wäre man in drei bis vier Stunden dort. Hier in der abgedeckten Bucht konnte man das nicht feststellen. Petra setzte auf der Seekarte den Kurs ab, leitete das Anker-auf-Manöver und segelte die NAXOS bis ins freie Wasser. Erfreut stellten alle drei fest, daß der Nordwest mit guten vier Windstärken blies. Der Reacher wurde wieder einmal gesetzt, da der Kurs genau nach Osten führte. Die NAXOS rauschte bei raumem Wind dahin, daß es nur so eine Freude war. Billi und Fips wechselten sich am Ruder ab, Petra kümmerte sich um Hanno. Drei Stunden brauchten sie bis zum Kap Mylon, kurze Zeit später waren sie im Mandraki-Hafen fest.

Im Krankenhaus wurde die Platzwunde an Hannos Kopf genäht, die Wunde an der Schulter versorgt, Schädel, Schlüsselbein und Schulter geröntgt. »Glück gehabt!« atmete die gesamte Crew am Abend auf. Hanno blieb die Nacht über und einen weiteren Tag im Krankenhaus. Petra dozierte fachkundig: »Dort hat er mehr Ruhe. Und bei aller Begeisterung für den Segelsport: Besonders steril ist es auf einer Yacht auch nicht gerade.« Billi und Fips gaben ihr recht. Der Hafen war zwar sehr romantisch. Doch sein Wasser hatte den typischen, kräftigen Geruch nach Masut, Tang, Teer und toten Fischen, der jedem echten Seemann schon lange vor Erreichen der Küste verlokkend in die Nase steigt. Das taugte aber nicht unbedingt für Kranke.

Die drei auf der NAXOS Zurückgebliebenen hatten schon wieder einen Grund zu feiern. Hanno war nicht schwer verletzt. Wenn das kein Grund war! »Auf in die Stadt zum Fischessen!« rief Fips, nun der Hahn im Korb. Links Billi, rechts Petra, so bummelten sie durch die Altstadt, die Ritterstraße mit den vielen »Herbergen« der Johanniter-Landsmannschaften hinauf bis zum Großmeisterpalast, durch andere enge Gassen wieder zurück in Richtung Hafen. Die Altstadt hatte nichts von ihrem Zauber verloren, auch wenn sich dort unzählige Touristen und Einheimische in allen Richtungen aneinander vorbeischoben. In früheren Zeiten mochte es hier nicht minder lebhaft zugegangen sein.

Sie hatten ihren Ouzo schon getrunken, als Billi plötzlich auffiel, daß Fips schon lange keinen seiner markanten Sprüche kundgetan hatte. Fips legte die Stirn in Falten, aber es fiel ihm kein passender ein.

Statt dessen hielt die kunstbeflissene Billi einen Vortrag über die lange und wechselvolle Geschichte der Insel. »Direkt schade, daß du Krankengymnastin werden willst«, meldete sich Fips zu Wort, »ich an deiner Stelle würde Lehrerin!« Billi war eingeschnappt, Petra müde. Schluß für heute.

Am nächsten Tag fuhren sie mit dem Bus nach Lindos. Billi stolperte verzückt in der Ausgrabungsstätte des Athena-Heiligtums umher; Petra war von der Aussicht über Bucht und Meer begeistert; Fips dachte darüber nach, ob er sich jemals leisten könnte, seinen Alterssitz nach hier zu verlegen und möglichst ab fünfzig hier zu leben. Petra diagnostizierte bei ihm einen leichten Sonnenstich und riet zu sofortiger Rückreise zur NAXOS.

Am Morgen danach wurden Hannos Verbände gewechselt. Mit strahlendweißem Turban, den linken Arm in der Schlinge, meldete er sich kurz darauf an Bord zurück. Er lachte schon wieder und hatte Appetit auf einen Begrüßungsschluck. Es schien ihm also wieder ganz gut zu gehen.

Über den weiteren Verlauf dieser an Erlebnissen so reichen Reise ist nicht mehr viel zu berichten. Sie hatten weiterhin Glück mit dem Wetter. Dreihundert Seemeilen gegenan waren es noch bis zurück in den Ausgangshafen. Ein schönes Stück! Aber sie schafften es in den restlichen viereinhalb Tagen, die ihnen noch zur Verfügung standen. Nur – Aufenthalte konnten sie sich dabei natürlich keine mehr leisten. Petra kam ausgiebig auf ihre Kosten, denn *sie* wollte ja segeln, nichts als segeln. Und das konnte sie jetzt.

Kurz nach dem Auslaufen aus dem Mandraki-Hafen schaute Billi zum erstenmal so richtig in die Seekarte. »Leute«, rief sie aus, »Rhodos liegt ja fast in der Türkei! Und Symi und Kos auch!«

»O Mann«, stöhnte Fips, »dabei hast du uns gestern einen gelehrten und langweiligen Vortrag darüber gehalten, wem die Inseln schon alles gehört haben. Danach kann es doch kein Wunder sein, daß es hier immer wieder Zoff gibt.«

Zoff hin, Zoff her! Die gesamte Kieler Crew kam zu der einmütigen Auffassung, daß alles zu regeln sei, wenn die Menschheit nur den ganzen Verstand und allen guten Willen einsetzte, um ihre Probleme und Streitfragen mit friedlichen Mitteln beizulegen.

»Ja, ja«, sagte Fips, »Segeln bildet eben!«

Wolfgang J. Krauss

Seewind

Seglergeschichten –
unglaublich, aber wahr

Ullstein Buch 20282

Auf See spielt sich manches Drama ab, von dem kaum etwas an die Öffentlichkeit dringt. Solche spannenden, oft erschreckenden Seglergeschichten – alle auf tatsächlichen Ereignissen beruhend – hat der Autor hier gesammelt. Unter anderem erzählt er vom Schiffbruch eines unerfahrenen Skippers im Sturm, von der Verschleppung eines DDR-Grenzers, von der Irrfahrt mit einer Leiche an Bord, von Yachtdiebstahl, Panik bei Nacht und Nebel und sogar von Kannibalismus unter Schiffbrüchigen. Er bleibt auch dann sachlich, wenn er Unglücksfälle schildert, die durch das Unvermögen der Beteiligten heraufbeschworen wurden; gerade deshalb sind seine Geschichten lehrreich, denn sie zeugen von lebenslanger Erfahrung mit der See und von einer unerschütterlichen Liebe zu den Schiffen, die oft mehr aushalten als die Menschen: ein atemberaubendes Buch für alte und junge Freunde guter Seeliteratur.

ein Ullstein Buch

Wolfgang J. Krauss

Seetang

Geschichten von Seglern und Yachten

Ullstein Buch 20308

Von Meeresleuchten und spielenden Tümmlern, von Treibholz, das eine ganze Familiengeschichte erzählt, von junger Liebe im Schärengarten und von rauhen Männern im Kampf mit Wind und See berichtet Wolfgang J. Krauss, bekannt als Erfinder des segelnden Familienvaters Gustaf. Wieder sind es Geschichten aus dem Segelsport, die den Reiz des Authentischen atmen. Doch steht diesmal weniger das sensationelle Ereignis im Mittelpunkt, sondern eher das Alltagsleben auf See, von dem viele nur träumen können. Segler aber werden sich in der einen oder anderen Geschichte treffend beschrieben finden, denn »Krauss kennt sein Fach, und es unterläuft ihm nie ein falscher Ausdruck« *(boote)*.

ein Ullstein Buch

Alexander Kent

Richard-Bolitho-Romane

Die Feuertaufe
Ullstein Buch 3363

Klar Schiff zum Gefecht
Ullstein Buch 3376

ein Ullstein Buch

Die Entscheidung
Ullstein Buch 3402

Zerfetzte Flaggen
Ullstein Buch 3441

Bruderkampf
Ullstein Buch 3452

Der Piratenfürst
Ullstein Buch 3463

Strandwölfe
Ullstein Buch 3495

Fieber an Bord
Ullstein Buch 3522

Nahkampf der Giganten
Ullstein Buch 3558

Feind in Sicht
Ullstein Buch 20006

Der Stolz der Flotte
Ullstein Buch 20014

Eine letzte Breitseite
Ullstein Buch 20022

Galeeren in der Ostsee
Ullstein Buch 20072

Kanonenfutter
Ullstein Buch 20144